"十一五"国家重点图书出版规划项目

北京市社会科学理论著作出版基金重点资助项目

启 功 全 集

（修 订 版）

第 六 卷

启功韵语

启功絮语

启功赘语

北京师范大学出版集团
BEIJING NORMAL UNIVERSITY PUBLISHING GROUP
北京师范大学出版社

图书在版编目（CIP）数据

启功全集（修订版）. 第6卷，启功韵语、启功絮语、启功赘语 / 启功著. —北京：北京师范大学出版社，2012.9
ISBN 978-7-303-14712-0

Ⅰ. ①启… Ⅱ. ①启… Ⅲ. ①启功（1912—2005）—文集 ②汉字—法书—作品集—中国—现代 ③中国画—作品集—中国—现代 Ⅳ. ①C53 ②J222.7

中国版本图书馆CIP数据核字（2012）第 180963 号

营 销 中 心 电 话	010-58802181 58805532
北师大出版社高等教育分社网	http://gaojiao.bnup.com.cn
电 子 信 箱	beishida168@126.com

QIGONG QUANJI

出版发行：北京师范大学出版社 www.bnup.com.cn
　　　　　北京新街口外大街 19 号
　　　　　邮政编码：100875
印　　刷：北京盛通印刷股份有限公司
经　　销：全国新华书店
开　　本：170 mm × 260 mm
印　　张：372.5
字　　数：5021千字
版　　次：2012 年 9 月第 1 版
印　　次：2012 年 9 月第 1 次印刷
总 定 价：2680.00 元（全二十卷）

策划编辑：李　强	责任编辑：章　正　唐正才
美术编辑：毛　佳	装帧设计：李　强
责任校对：李　菡	责任印制：李　啸

启功先生像

中华书局版《启功丛稿·诗词卷》总序

　　启功约自二十岁以后，也曾把平时一些什么绝句、律体、古体的习作，写在小本子上，后来忽然刮起一阵"龙卷风"，便都灰飞烟灭了。

　　之后，积习未改，又陆续积累了一册，题作"启功韵语"。到一九八八年，蒙北京师范大学出版社惠予印刷出版，分呈友好，以求指正，所得的教言，颇为多样。到一九九二年，又积稿一册，题作"启功絮语"，复蒙北京师范大学出版社和香港翰墨轩出版社分别出版，前此所得到友好方家的指教，曾记在这册"絮语"的"自序"中。至今时（一九九九年），又过了七番岁月，我那些不知所云的言语，又积了一册，题作"启功赘语"，仍蒙北京师范大学出版社为之出版，同时更蒙中华书局把这三种合编收入《启功丛稿》之中，又给我再次向方家求教的机会。这是我感激不尽的！

　　这七年来，我陆续获得的指教更多了。首先是有些相识的朋友，还有未曾相见的朋友，各自赐予奖誉，甚至写成文章，发表在有关的刊物中，在厚爱之中备见鼓励之谊，实是我铭感万分的！

　　自我年青时至今，听到前辈以及一些学友见面相与讨论最多的，常是"诗韵"的问题。大家都知道，"诗韵"这种书是为作旧体诗押韵提供标准的，长辈多主应遵，后学多主可变。我大约从二十岁懂得作仄仄平平仄起，又得知要合乎韵部时，常出现"因噎废食"的事，譬如四句押韵的诗，第二句押"东"字，第四句押了"冬"字，一查韵书，坏了，必须改掉一句，如果觉得"东"字句好，或是主要的，就必须改掉

"冬"字句。结果韵部合了，诗中所说却并非都是原意了。又如果一首首句入韵的八句律诗，误押了支、微、齐、佳、灰五个韵脚，若要改归统一的一韵，就必须换掉四个韵脚，又要改掉四个对偶的上句。这样韵部统一了，内容则一定驴唇不对马嘴了。

一九七三年冬，因患颈椎病住医院，不能看书，有时哼几句"顺口溜"，再凑成某个"词牌"。合不了诗韵，当时又无韵书可查，就注上北方十三辙的某一辙。这是我放胆打破韵书拘束的开始。再后胆愈大、手愈滑，写了更多不合韵部的仄仄平平仄，就拿词、曲用韵来解嘲。再后发现《广韵》卷首附载的隋陆法言《切韵序》，《切韵》是现在可见的古代韵书最早的一种，全本虽不存，框架却还在。这篇序中说："欲广文路，自可清浊皆通；若赏知音，即须轻重有异。"《广韵》卷首又载唐孙愐《唐韵》的"序"和"论"，最后说："若细分其条目，则令韵部繁碎，徒拘桎于文辞耳。"

这里还有一又二分之一的问题：一是"清浊皆通"指的是韵字还是韵部？按每一个韵部中都有清、浊声的韵字，例如东韵中的"东"字是清声，"同"字是浊声，如一首诗中，既用了东部中的"东"字，又押"同"字，并不能算"出了韵"，那么"皆通"二字，岂不等于废话！可见绝非指韵字的清浊，而应是指韵部的不太拘泥，大约即是后来韵部"同用"的情况。这是对那一个问题的理解。另外半个问题是孙愐所说的"韵部繁碎"，从他的上文看，并非指《切韵》已分的二百零六部，乃是指在已分的二百零六部之外，还有可分的馀地。但他又觉得如再加细分，则韵部繁碎，便成为行文的"拘桎"。孙氏未知那二百零六部其实已经很繁碎了，所以才有后来"独用""同用"的通融，以至《礼部韵》《佩文诗韵》的明文合并韵部。

南宋杨万里、魏了翁都曾明文反对平常吟咏也拘守《礼部韵》。罗大经《鹤林玉露》丙编卷六记载杨、魏二家的言论说："杨诚斋（万里）云：今之《礼部韵》乃是限制士子程文，不许出韵，因难以见其工耳。至于吟咏情性，当以《国风》《离骚》为法，又奚《礼部韵》之拘哉！

魏鹤山（了翁）亦云：除科举之外，闲赋之诗，不必一一以韵为较，况今所较者，特《礼部韵》耳！"这是明确宣称不遵韵书的。还有杂用他韵之作，标题什么"进退格""辘轳体"等，仍是借辞解嘲，大约都没注意到那位祖师爷陆法言"广文路"的宣言吧！

自读了陆法言的一句和孙愐的半句话以后，我更放胆押韵，不再标举什么"十三辙"、什么"词、曲韵"以为自己乱押韵的"护身符"了！

有许多位曾和我讨论过用韵问题的友好方家，我现在已记忆不全哪位有哪些意见和主张（绝大多数是不愿再受"韵书"拘桎的），无法一一向各位详陈管见，因此写在这里，连同三次出版过的"作业"一并呈缴，敬求剀切教正，末学在这里不胜诚惶诚恐稽首顿首了！

公元一九九九年七月启功自识时年周八十又七

《启功韵语集》撰者前言

　　启功周岁失怙，三周岁时由伯姑母教识字，裁纸为寸馀方块，每块一字，教其字音，并其音调高低，虽不甚准确，已初知字有平仄声也。十馀岁读唐诗，音调铿锵，大好之。始闻作诗须押"诗韵"，心殊不平，以为出语合辙，闻者易懂，而必以"韵书"之部为辙，是为古人听也。年周二十渐作绝句，五十以后积稿一册，时在北京师范大学任教职，遂由大学出版社为刊《启功韵语》一册，即俗谚"合辙押韵"之语耳。继而刊《启功絮语》《启功赘语》，时年倏近九十矣。中华书局合刊拙稿，编审柴君剑虹合三"语"于一册，是为《启功丛稿》之三，曰"诗词卷"。

　　友人赵君仁珪曾注予《论书绝句一百首》，今又合三册而注之，初以《三语集》颜之，继念"三语"为言，早见《世说》，非谓诗稿。恐观者未详，即与赵君商榷，改题《启功韵语集》，包括诗与词也，庶不致读者误为文稿矣。

启功　二零零三年九月十六日

1

目 录

启功韵语

启功絮语

启功赘语

联语（附）

启功韵语

《启功韵语》自序

这本小册子，是我从十几岁学作仄仄平平仄的句子开始，直到今年，许多岁月中偶然留下的部分语言的记录。何以说是"部分"？因为青年习作，幼稚不足存，自行删削的当然很多；浩劫前整理抄存的，也已付之一炬。先妻逝世后，蜗居什物与脏腑心肠，一同翻覆了几次，一些心声、友声的痕迹，也有许多失落。近些年笔墨酬应又忽增多，对面命题和当筵索句的信口、信手之作，又多无从留稿。

这些语言，可以美其名曰"诗"。比较恰当，实应算是"胡说"。我们这族人在古代曾被广义地称为"胡人"，那么胡人后裔所说，当然不愧为胡说。即使特别优待称之为诗，也只是胡说的诗。

我这些胡说的语言，总舍不得抛掉"韵"，我所理解的韵，并不专指陆法言"我辈数人，定则定矣"的框框，也不是后来各种韵书规定的部属，只是北京人所说的"合辙押韵"的辙和韵，也就是念着顺口、听着顺耳的"顺"而已矣！

姑且不管训诂学上的专门解释如何，我只以为韵字古既作均，应即从均匀之义命名的。调类均匀，如扬调的与扬调的相随；韵类均匀，如啊韵母的与啊韵母的相随；岂不很均匀吗？古代支遁和尚好养马，有人说和尚养马不韵。和尚养马，有什么韵不韵之可言？大约支遁养马是为玩好，和唐僧骑白马作取经工具有所不同。而且马贵腾骧，僧贵清净，那么这"不韵"二字，不难理解，就是今天所说的"不协调"。如身着西装礼服，头戴草笠，足穿木屐，必有人说不协调。服装制度是随着地方习惯而成的，但在一定的条件下，能解决某种需要，即使有所不协调，也无伤大雅。即如身着西装礼服的人，路遇下雨，借到草笠木屐，穿戴回家，以济一时之需，又有什么不得了的？但语言中如有语序不合民族习惯处，或语音应匀顺而不匀顺处，听起来，便与噪音所差无几了。雨中怪样穿戴的人，进到屋中，那种怪样也就结束了；而不合习惯且又不匀顺的语言，印在纸上，传播的时间和空间，都会比那一时怪样服装的影响大得多。所以我这小册以"韵语"为名，只是表明我的愿望和对自己的策励罢了。

至于这些"韵语"的内容，绝大部分是论诗、题画、失眠、害病之作，而且常常"杂以嘲戏"。还有应付征求的题辞，更可说是"打鸭子上架"之作，都与和尚养马的不韵相距不远。有损这个"韵"字，确是无可自辩的。

读者看了这本小册，批判也罢，发笑也罢，有劳翻阅，已极可感。如"用覆酱瓿"，则辅助调味，就更足荣幸了。

尊敬的读者，我在这里诚恳地请求，希望赐予剀切的指教！

公元一九八八年岁次戊辰秋日启功自识

于北京师范大学宿舍之浮光掠影楼，时年周七十又六

卷 一

社课咏春柳四首拟渔洋秋柳之作

如丝如线最关情。班马萧萧梦里惊。
正是春光归玉塞，那堪遗事感金城。
风前百尺添新恨，雨后三眠殢宿醒。
凄绝今番回舞袖，上林久见草痕生。

万绿栖鸦忆旧游。河桥回首思悠悠。
落花有意迷金勒，客子销魂倚画楼。
鄂渚人攀犹昨日，灞陵尘劫几经秋。
劳他莺燕殷勤唤，逝水韶华去不留。

太液池头芳信稀。景阳楼下暗尘飞。

空悲客舍阳关引，且度秋娘金缕衣。

残雪乍消烟漠漠，春寒未减色依依。

恨人滴尽相思泪，欲倩柔条挽落晖。

宝马香车十二街。新烟欲散候初佳。

青禽消息渺何处，晓月楼台天一涯。

别路纤腰萦祖席，隔帘飞絮上空阶。

雨丝风片浑无绪，乱搅春愁入客怀。

社课咏福文襄故居牡丹限江韵

东栏斗韵秉银缸。尊酒花时集皓庞。

易主园林春几许，应图骨相世无双。

碧红色乱苍苔砌，楼阁香凝玉女窗。

莫问临芳当日事，寸根千载入危邦。

八声甘州　社课题姚公绶画墨竹

渺同云，飘堕自潇湘，墨雨入银钩。想北窗凉思，东华尘土，都是阳秋。挥尽澄心一卷，暮霭万竿稠。唯有梅花叟，堪配湖州。　　笑我频年习懒，弄柔毫但写，翠凤青虹。对零缣断素，无语共天游。任相疑，非麻非竹，羡云林胸次总悠悠。神来处，笔歌墨舞，时绕丹丘。

清平乐　社课咏落叶

鸾飘凤泊。差喜无纤缴。蔽日浓阴吹渐薄。放眼暮云楼阁。

西风浪卷蓬壶。长空雁阵模糊。想见天公老笔，寒林次第成图。

题 画 二 首

千古迂翁笔，生民几辈俦。

幽情传淡墨，洁癖证清流。

衣解但神往，画成空卧游。

仙人不可见，江上问渔舟。

八月江南岸，平林欲着黄。

清波凝暮霭，鸣籁入虚堂。

卷幔吟秋色，题书寄雁行。

一丘犹可卧，摇落慢神伤。

秋　　水

一寸横波最泥人。东流西去总无因。

洞庭木落佳期远，洛浦风生往迹湮。

璧月终残天外路，馀霞空染镜中身。

从今楚客登临处，红蓼青蘋未是春。

止　酒

三十不自立，狂妄近旨酒。

量仄气偏豪，叫嚣如虎吼。

一盏才入唇，朋侪翕相诱。

宿醉怯馀醒，峻拒将返走。

欢笑逾三巡，技痒旋自取。

蚁穴溃堤防，长城失其守。

舌本忘醇醨，甘辛同入口。

席终顾四坐，名姓误谁某。

踯躅出门去，团圞堕车右。

行路讶来扶，不复辨肩肘。

明日一弹冠，始知泥在首。

醒眼冷相看，赧颜徒自厚。

贱体素尪羸，殷忧贻我母。

披诚对皎日，撞破杯与斗。

沉湎如履霜，坚冰在其后。

戒慎始几微，匡直望师友。

年来肥而喜睡，朋友见嘲，赋此答之

神怡寿可期，形劳心自苦。

所以上世贤，一眠一万古。

开眸有荆榛，闭目无豺虎。

一默胜千言，克敌非钺斧。

倚立足相重，独坐颐还拄。

夕永夜尤长，高枕舒筋膂。

仙乡号黑甜，美谥良足取。

龟息与雷齁，雅奏卑钟鼓。

崇朝被奇温，聒噪晨禽聚。

转侧卧蒙头，馀梦犹可补。

炎夏苦歊蒸，酷日悬亭午。

正好乘松风，往寻华胥侣。

宰予获圣心，昼寝真法乳。

汉儒强解事，画寝非达诂。

咄咄朽木训，岂是由衷语。

夫子惜金针，不度聋与瞽。

寄声陈希夷，慎传混沌谱。

金　台

金台闲客漫扶藜。岁岁莺花费品题。

故苑人稀红寂寞，平芜春晚绿凄迷。

觚棱委地鸦空噪，华表干云鹤不栖。

最爱李公桥畔路，黄尘未到凤城西。

司铎书院海棠二首

　　恭邸萃锦园，心畲先生嗣居之。余少时问业，常登堂庑。后归辅仁大学，改建司铎书院。院中海棠，花仍繁茂。励耘师命赋之，得长句二首。

楼阁千重指一弹。繁枝如雪破春寒。

池边绿长恩波永，林下香稀道力安。

断梦有情依玉砌，天姿无恙荐金盘。

根移地角劳鸿鹄，忍说崎岖蜀道难。

三月狂风雨未匀。胜游西府冠城堙。

敲门看竹非前约，秉烛题诗忆旧尘。

细柳酣眠花愈密，夭桃警悟理同真。

风流恍接仙花寺，桑海匆匆四百春。

（利子初来，国人号其所居曰"仙花寺"）

司铎书院海棠，用东坡定惠院海棠诗韵

故家易主馀乔木。城北名园此为独。

先王信手辟蒿莱，小植灵根出尘俗。

百年雨露蕃枝叶，一瞬繁华变陵谷。

雍和碧瓦开梵宫，萃锦花枝傍林屋。

崇坛素炬分光气，宝铎仁音异丝肉。

门墙锁处高枝亚，彩笔图成清态足。

玉局诗歌谁继响，墨井丹青我私淑。

游戏芳春眼暂明，何必牢愁常满腹。

喜见大秦珊瑚海，胜参多福琅玕竹。

甘留善果自成阴，情达圣人不为目。

平池水殿庄严备，未许摩诃专孟蜀。

衰荣有恨付刍狗，宠辱无惊希正鹄。

问道来搴绛帐纱，当筵不唱春江曲。

风过绮陌黄尘尽，坐对飞英莫怅触。

沈兼士先生馀园赏花图

吴镜汀先生画，功补远山一角，次山谷题郭熙画韵。

寻春屡叩朱扉环。好贤国叟如斗山。

粪除名园扫蹄迹，恍然绿野蓝田间。

云开不觉西山远。台高更驻斜阳晚。

怪底昔人擅丘壑，处处轩窗凭翠巘。

花红如火白如霜。胜游不用羡河阳。

灵怀即景似清秘，补山我愧王香光。

坐中诗老惜佳日。高吟秉烛照华发。

画上重烦试彩毫，会有瑶篇出金石。

听杨君大钧弹琵琶

劳人不复梦钧天。古调新声忽并传。

广坐威音真入圣，深灯永夜欲通禅。

秋江冷浸迷离月，紫塞横飞莽荡烟。

不辨中怀哀乐意，吟魂长绕四条弦。

自题紫幢寄庐图

赁寓杨氏趣园，庭有双楸，干霄百尺。昔吾宗紫幢居士曾因植楸，取以自号。缅怀遗韵，敢袭嘉名。

阅遍秾芳识晚妍。锦裁云盖午阴圆。

明时妙寄思高蹰，乔木衰宗有胜缘。

半亩清风聊作主，一春肥卧已贪天。

自惊腕底襄阳鬼，又向南柯写绛烟。

楸　花

寓杨氏姨母家，庭有双楸，花时极盛。今姨母已逝，昔日赏花师友或归道山。俯拾落英，黯然成咏。

食贫迁徙常，一寓诧三载。

为恋庭前楸，高标峙崔嵬。

素约酒杯深，共赏凌云彩。

转眼去年人，汲汲不相待。

凄凉密叶间，窈窕孤芳在。

猛雨飘上春，繁华一时改。

黾勉桑下心，往者不复悔。

持此谢狂风，馀芬拨人海。

暝色高楼独玉笛一

孙太尤著喧惹千手莱

玉煌花实排书孤月重

字幂　一九八七年夏日　启功里邡

苕蓥童情季妹示笑语此段悯犯此

启功论词绝句二十首之一

自题新绿堂图

窗前种竹两竿，榜曰"新绿"。心畬公为作新绿堂图，自题一首。

乔木成灰倚旧墀。庭前又得玉参差。

改柯易叶寻常事，要看青青雨后枝。

临江仙　自题新绿堂图，次黄君坦先生韵

如海繁英飘未尽，霎时柳已飞绵。半窗晴日自堪怜。高标如骏骨，比玉斗双尖。　　伴我孤吟诗万首，石兄丑色依然。不须歌舞忆开天。琳琅敲大叶，浓绿是明年。

虞美人　自题新绿堂图，次杨君武先生韵

缥缃乍拂馀尘暗。始讶流年换。锦园明月旧南楼。识否当时青鬓不知愁。　　墨痕翠滴浓于雨。点点增离绪。乱红无语过芳时。又是浓阴密叶满平池。

题红兰居士墨荷二首

居士讳岳端，身后谱牒改蕴端，又或作袁端，以东郊晚眺诗，人称东风居士。曾撰《扬州梦》传奇，又选郊、岛诗为《寒瘦集》，与问亭翁齐名。余屡获居士遗墨，而问翁之《白燕栖稿》终不可见。

莲茎五尺叶团圞。三百年来墨未干。

谁分姓名关故实，早惊光怪出丛残。

曲翻梦境卑华胥，诗见心声选瘦寒。

正是人文彪炳际，自持宝铖立词坛。

郁华阁后陈编绝，文献中州孰品题。

句里东风真蕴藉，毫端野水漫町畦。

胜因稠叠红兰室，大雅凋零白燕栖。

独抱遗弓增百感，千秋薪火讵能齐。

偕友游钓鱼台，金之同乐园也，望海楼遗址在焉

踏遍西郊路，初登望海楼。

重门金兽暗，古柏碧云稠。

缔构垂千载，徜徉足一丘。

伤春无限意，与子共淹留。

宿雨微波绿，馀寒细柳青。

回溪迷向背，曲径判阴晴。

麦秀通忧乐，巢禽瞰废兴。

危栏临大道，吟眺上孤亭。

旰食曾游地，卑垣十亩宫。

封疆增汉土，饱暖夺天功。

世乱无惇史，人言有至公。

老农怀稼穑，辛苦说乾隆。

临　池

颠张醉素擅临池。草至能狂圣可知。

力控刚柔惊舞女，机参触悖胜禅师。

常将动气发风手，写到翻云覆雨时。

万语千言归一刷，莫矜点画堕书痴。

（以上各首为一九四八年以前作）

卷　二

卓　锥

　　寄居小乘巷，寓舍两间，各方一丈。南临煤铺，时病头眩，每见摇煤，有晃动乾坤之感。（以下一九五七年以后作）

　　卓锥有地自逍遥。室比维摩已倍饶。
　　片瓦遮天裁薜荔，方床容膝卧僬侥。
　　蝇头榜字危梯写，棘刺棷题阔斧雕。
　　只怕筛煤邻店客，眼花撮起一齐摇。

次韵青峰吴门见怀之作

　　其时余方参与《历代散文选》讲义编写之役。主持者云，文之有有益者，有有害者，人所习知。尚有虽非有益，但亦无害者，仍可入选。

回环锦札夜三更。元白交期孰与京。

觉后今吾真大涤，抛残结习尚多情。

编叻选政文无害，业羡名山老更成。

何日灵岩陪蜡屐，枫江春水鉴鸥盟。

昭君辞二首

　　古籍载昭君之事颇可疑，宫女在宫中，呼之即来，何须先观画像？即使数逾三千，列队旅进，卧而阅之，一目足以了然。于既淫且懒之汉元帝，并非难事。而临行忽悔，迁怒画师，自当别有其故。按俚语云："自己文章，他人妻妾"，谓世人最常矜慕者也。昭君临行所以生汉帝之奇慕者，为其已为单于之妇耳。咏昭君者，群推欧阳永叔、王介甫之作。然欧云："耳目所及尚如此，万里安能制夷狄"，此老生常谈也。王云："汉恩自浅胡自深，人生乐在相知心"，此愤激之语也。余所云："初号单于妇，顿成倾国妍"，则探本之义也。论贵诛心，不计人讥我"自己文章"。

吾闻汉宫女，佳丽逾三千。

长门永巷中，闭置不计年。

他人妻若妾，一一堪垂涎。

初号单于妇，顿成倾国妍。

假令呼韩邪，自秉选色权。

王嫱不中彀，退立丹墀边。

汉帝复回顾，嫫母奚足怜。

黄金赐画工，旌彼神能传。

毅然请和亲，身立万里功。

再嫁嗣单于，汉诏从胡风。

泛观上下史，常见蒸与通。

父死不杀殉，何劳诸夏同！

假令身得归，依然填后宫。

班氏外戚传，鲜克书善终。

卓彼王昭君，进退何从容。

知心尚其次，隘矣王荆公。

扇上写青松红日为励耘师寿

（夏历十月初十日）

万点松煤写万松。一枝一叶报春风。
轮囷自富千春寿，更喜阳和日正东。

（旧谚云："十月小阳春"）

十六字令二首

有友人自津门代人征题"梦边填词图"，盖学词慕梦窗者。

词。七宝楼台玉树枝。心所慕，异代若同时。

词。理屈而穷我自知。一个字，枉费数茎髭。

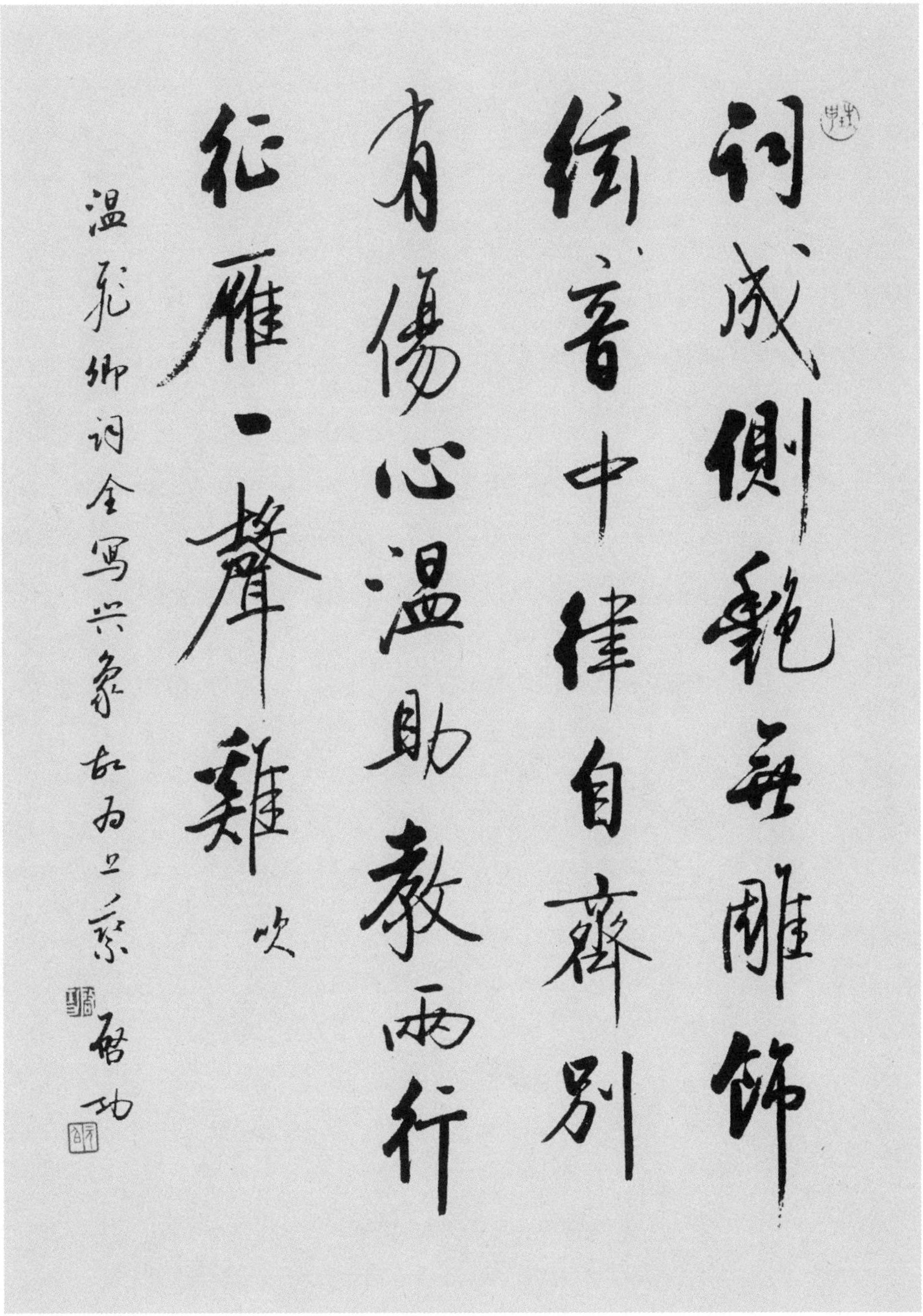

词戒侧艳毋雕饰

绮音中律自�别

有伤心温助教两行

征雁一声鸡吹

温飞卿词全写兴象
如此可见系

启功

启功论词绝句二十首之二

竹如意铭

（搔痒器古名如意）

唯吾知足。搔着痒处。如意吉祥，一臂之助。

书箱铭

装来五车。作鼠穴蟫窝。在我腹中者无多。

羊毫笔铭

笔无心，任所如。柔弱者，生之徒。

平池蕉白砚铭

正透蕉白。虚心发墨。馀地回旋，以守其黑。

龟形石镇纸铭

块石天然六角，何时斧凿成龟。
莫问从来踪迹，随人纸上游移。

竹根印铭

直根作印篆文古。钤书之范画之谱。
未随猪肉果脏腑。竹孙幸不忝厥祖。

木拄杖铭

目眩头晕。左颠右顿。不用扶持，支以木棍。

布书袋铭

手提布袋。总是障碍。有书无书，放下为快。

寄寓内弟家十五年矣。今夏多雨，屋壁欲圮，因拈二十八字

东墙雨后朝西鼓。我床正靠墙之肚。
坦腹多年学右军，如今将作王夷甫。

旧拓本柳公权书僧端甫塔铭赞

端甫说梦欺痴愚。时君受惑堪轩渠。
吞舍利外一技无。梵僧之子黔之驴。

韩愈多事捋虎须。沽名取逐非冤诬。

依然列戟潮州居。毕竟遭殃惟鳄鱼。

裴休嗣法称佛徒。辩才每度骅骝驱。

斯文微婉无阿谀。阳秋独获衣中珠。

公权机巧工自誉。心正笔正何关书。

体势劲媚姿态殊。丑怪之祖吾不如。

精粘细校毫厘区。行观坐对枕卧俱。

当时人物同丘墟。残煤败楮成璠玙。

性命以之何其迂。

（米元章谓柳书为丑怪恶札之祖）

北　风
（以下一九七一年以后作）

北风六级大寒时。气管炎人喘不支。

可爱苏诗通病理，"春江水暖鸭先知"。

沁园春　美尼尔氏综合征
（中东辙）

夜梦初回，地转天旋，两眼难睁。忽翻肠搅肚，连呕带泻，头沉向下，脚软飘空。耳里蝉嘶，渐如牛吼，最后悬锤撞大钟。真要命，似这般滋味，不易形容。　　明朝去找医生。服"本海啦明""乘晕宁"。说脑中血管，老年硬化，发生阻碍，失去平衡。此症称为，美尼尔氏，不是寻常暑气蒸。稍可惜，现药无特效，且待公薨。

沁园春　前题

（江阳辙）

细雨清晨，透户风寒，汗出如浆。觉破房倾侧，俨然地震，板床波动，竟变弹簧。医嘱安眠，药唯镇静，睡醒西山已夕阳。无疑问，是糊涂一榻，粪土之墙。　　病魔如此猖狂。算五十馀年第一场。想英雄豪杰，焉能怕死，浑身难受，满口"无妨"。扶得东来，西边又倒，消息微传帖半张。详细看，似阎罗置酒，"敬候台光"。

沁园春　前题

（言前辙）

旧病重来，依样葫芦，地覆天翻。怪非观珍宝，眼球震颤，未逢国色，魂魄拘挛。郑重要求，"病魔足下，可否虚衷听一言。亲爱的，你何时与我，永断牵缠。"　　多蒙友好相怜，劝努力精心治一番。只南行半里，首都医院，纵无特效，姑且周旋。奇事惊人，大夫高叫，"现有磷酸组织胺。别害怕，虽药称剧毒，管保平安。"

沁园春　自叙

检点平生，往日全非，百事无聊。计幼时孤露，中年坎坷，如今渐老，幻想俱抛。半世生涯，教书卖画，不过闲吹乞食箫。谁似我，真有名无实，饭桶脓包。　　偶然弄些蹊跷。像博学多闻见解超。笑左翻右找，东拼西凑，繁繁琐琐，絮絮叨叨。这样文章，人人会作，惭愧篇篇稿费高。从此后，定收摊歇业，再不胡抄。

（末三句一作"收拾起，一孤堆拉杂，敬待摧烧"）

贺新郎　烤鸭

白鸭炉中烤。怎能分，哪边腰腹，哪边头脑。如果有人熬白菜，抓起一包便了。再写上谁家几号。偶尔打开详细看，尾巴尖，重复知多少？有的像，牛犄角（借谐上声）。　　三分气在千般好。也无非，装腔作势，舌能手巧。裹上包装分品种，各式长衣短袄。并未把，旁人吓倒。试向浴池边上看，现原形，爬出才能跑。个个是，炉中宝。

贺新郎　癖嗜

癖嗜生来坏。却无关，虫鱼玩好，衣冠穿戴。历代法书金石刻，哪怕单篇碎块。我看着全都可爱。一片模糊残点画，读成文，拍案连称快。自己觉，还不赖。　　西陲写本零头在。更如同，精金美玉，心房脑盖。黄白麻笺分软硬，晋魏隋唐时代。笔法有，方圆流派。烟墨浆糊沾满手，揭还粘，躁性偏多耐。这件事，真奇怪！

贺新郎　咏史

古史从头看。几千年，兴亡成败，眼花撩乱。多少王侯多少贼，早已全都完蛋。尽成了，灰尘一片。大本糊涂流水账，电子机，难得从头算。竟自有，若干卷。　　书中人物千千万。细分来，寿终天命，少于一半。试问其馀哪里去？脖子被人切断。还使劲，断断争辩。檐下飞蚊生自灭，不曾知，何故团团转。谁参透，这公案。

和友人游长城

何物奇长万里龙。人民力量大无穷。

女墙启齿衔黄鹄，峻岭弯腰负碧空。

车轨并齐途八达，城关内外语同风。

一家两院分南北，堪笑秦皇见识庸。

踏莎行三首

造化无凭，人生易晓。请君试看钟和表。每天八万六千馀，不停不退针尖秒。　　已去难追，未来难找。留他不住跟他跑。百年一样有仍无，谁能不自针尖老！

美誉流芳，臭名遗屁。千千万万书中记。张三李四是何人，一堆符号 A 加 B。　　倘若当初，名非此字。流传又或生歧异。问他谁假复谁真，骨灰也自难为计。

昔日孩提，如今老大。年年摄影墙头挂。看来究竟我为谁，千差万别堪惊诧。　　貌自多般，像惟一霎。故吾从此全抛下。开门撒手逐风飞，由人顶礼由人骂。

一江春水向东流，命也

才人踬上游末路降

王非不幸两篇绝调

赢千秋

三首以吟李重光之传

而又不在多　启功

启功论词绝句二十首之三

原　知

原知造化本无方。静者观来变益常。

草长欲疑春有脚，病多真觉厉怜王。

撑檐乱叠书成柱，补被奇温叶满床。

斗室近添新眷属，邻猫来去两相忘。

偕友人行经西压桥，听谈北海旧游

灯火长廊自一时。画船笛韵夜行迟。

月波荡漾流歌板，花气回环逼酒卮。

人迹尽随红烛焰，客心长系绿杨丝。

如今西压桥边路，添得铿然杖一枝。

痼　疾

为友人作书，忽然晕倒。

一婴痼疾几经秋。脑似空瓢檀木球。

看去天旋兼地转，卧来幡动复桥流。

随时笔债偿还有，未信吾生此便休。

多少名医相蹙额，斯人大患在其头。

题林散之先生太湖秋色图二首

昔从湖畔望云山。半面青螺卅六鬟。

今日披图如见戴，不须林屋叩琼关。

吴生画笔杜陵诗。纸上依稀两见之。

触我飞腾江上梦，嘉陵千里夜潮时。

转

"别肠如车轮，一日一万周"。

昌黎有妙喻，恰似老夫头。

法轮亦常转，佛法号难求。

如何我脑壳，妄与法轮侔。

秋波只一转，张生得好逑。

我眼日日转，不获一雎鸠。

日月当中天，倏阅五大洲。

自转与公转，纵横一何稠。

团圞开笑口，不见颜色愁。

转来亿万载，曾未一作呕。

车轮转有数，吾头转无休。

久病且自勉，安心学地球。

鹧鸪天　就医

（以下一九七三年住医院作）

　　浮世堪惊老已成。这番医治较关情。一针见血瓶中药，七字成吟枕上声。　　屈指算，笑平生。似无如有是虚名。明天阔步还家去，不问前途剩几程。

　　（陆放翁诗云："浮世堪惊老已成，虚名自笑今何用"）

鹧鸪天　前题

　　写出人应笑我痴。夜间常梦日常思。老妻待制新皮袄，破纸重抄旧作诗。　　王悦闹，老猫吃（作平）。小葵眼镜取何时。相怜傅老真同病，血压今天降几丝。

　　（王悦为大内侄女之女，时方四岁。小葵乃二内侄女，时方配眼镜。傅老晋生丈也，时血压正高，次年即逝。老妻已多年未有完整衣裳，次年始制一外衣，又一年遂逝。只此一裘，即为附身之物，痛哉。一九七六年补注）

33

鹧鸪天　前题

　　挚友平生驴马熊。驴皮早已化飞鸿。鄙人也有驴肝肺，他日掏来一样红。　　身反侧，眼惺忪，窗前日色已朦胧。开门脚步声声近，护士持来药一盅。

　　（驴者曹家琪，马者马焕然，熊者熊尧。曹于去年病逝于此，遗体作病理解剖，然后火化）

渔家傲　前题

眩晕多年真可怕。千般苦况难描画。动脉老年多硬化。瓶高挂。扩张血管功能大。　　七日疗程滴液罢。毫升加倍齐输纳。瞎子点灯白费蜡。刚说话。眼球震颤头朝下。

蝶恋花　前题

医术高明经验富。细诊详观，心领兼神悟。历询病情听主诉。安排疗法亲吩咐。　　此病根源由颈部。透视周全，照遍倾斜度。骨刺增生多少处。颈椎已似梅花鹿。

西江月　前题

七节颈椎生刺，六斤铁饼拴牢。长绳牵系两三条。头上几根活套。
虽不轻松愉快，略同锻炼晨操。《洗冤录》里每篇瞧。不见这般上吊。

颈部牵引

京郊动物园，西偏有鹿苑。
如鹤立鸡群，悠然两伙伴。
腰腿势巍峨，皮毛光绚烂。
长颈立如竿，何曾曲一线。
平视鸟归巢，俯瞰人鱼贯。

侏儒与巨子，见顶不见面。

董宣强项名，几以性命换。

朱云指佞臣，拽得栏杆断。

巧宦云为梯，恶霸人作荐。

持与鹿相权，静躁可立辨。

曾遇考据家，图文至雄辩。

麒麟长颈鹿，实同名略变。

西狩发深悲，多怪由少见。

多识鸟兽名，徒自将人骗。

所以孔仲尼，横遭大批判。

我近数年间，痼疾久为患。

寻常谈笑中，头晕而目眩。

病与日俱增，终须住医院。

透视细检查，照相留胶片。

颈椎只七节，骨质增生遍。

血脉阻塞多，遂致成瞀乱。

服药加理疗，妙法奇而便。

头拴铁秤锤，中间系长练。

每日两番牵，只当家常饭。

骨刺虽难消，骨隙可得间。

指标谁与齐，但向鹿颈看。

我闻医师言，涩然头有汗。

鄙夫何如人，敢居仙侣畔。

颈牵一丈长，腿仍二尺半。

有皮而无毛，能烂不能绚。

万一再教书，怎往讲台站。

百岁馀卅八，尚可充好汉。

不成虎豹鞟，且作麒麟楦。

（"饭"，去声）

孤　踪

窗悬素月照无眠。历历孤踪在眼前。

惨绿昔输荒草色，深酡近愧夕阳天。

蛀残病叶通风雨，执烂馀柯耐岁年。

漫笑吾生薄于纸，也曾留得好云烟。

清平乐　梦小悦唱歌

滴滴点点。输液晨连晚。大罐脉通罂粟碱。高卧床头不管。

梦中多少歌声。醒来记不分明。只有难忘一句，"狐狸蒙上眼睛"。

千秋岁　就医

天旋地转。这次真完蛋。毛孔内，滋凉汗。倒翻肠与肚，坐卧周身颤。头至脚，细胞个个相交战。　　往日从头算。成事无一件。六十岁，空吃饭（去声）。只馀酸气在，好句沉吟遍。清平调，莫非八宝山头见。

渔家傲　前题

痼疾多年除不掉。灵丹妙药全无效。自恨老来成病号。不是泡。谁拿性命开玩笑。　　牵引颈椎新上吊。又加硬领脖间套。是否病魔还会闹。天知道。今天且唱渔家傲。

痛心篇二十首（并序）

（以下一九七一年至一九七五年作）

先妻讳宝琛（初作宝璋），姓章佳氏。长功二岁，年二十三与功结缡。一九七一年重病几殆。一九七四年冬复病，缠绵百日，终于不起，时在一九七五年夏历花朝前夕。是为诞生第六十六年，初逾六十四周岁也。

结婚四十年，从来无吵闹。
白头老夫妻，相爱如年少。

先母抚孤儿，备历辛与苦。
得妇喜常言，似我亲生女。

相依四十年，半贫半多病。
虽然两个人，只有一条命。

我饭美且精，你衣缝又补。
我剩钱买书，你甘心吃苦。

今日你先死，此事坏亦好。

免得我死时，把你急坏了。

枯骨八宝山，孤魂小乘巷。

你且待两年，咱们一处葬。

强地松激素，居然救命星。

肝炎黄胆病，起死得回生。

愁苦诗常易，欢愉语莫工。

老妻真病愈，高唱乐无穷。

（以上一九七一年秋作，病起曾共读，且哭且笑）

老妻病榻苦呻吟。寸截回肠粉碎心。

四十二年轻易过，如今始解惜分阴。

（一九七五年初，其病已见危笃）

为我亲缝缎袄新。尚嫌丝絮不周身。
备他小殓搜箱箧，惊见衷衣补绽匀。

病床盼得表姑来。执手叮咛托几回。
"为我殷勤劝元白，教他不要太悲哀。"

君今撒手一身轻。剩我拖泥带水行。
不管灵魂有无有，此心终不负双星。

39

梦里分明笑语长。醒来号痛卧空床。
鳏鱼岂爱常开眼，为怕深宵出睡乡。

狐死犹闻正首丘。孤身垂老付飘流。
茫茫何地寻先垄，枯骨荒原到处投。

妇病已经难保。气弱如丝微袅。
执我手腕低言，"把你折腾瘦了"。

"把你折腾瘦了，看你实在可怜。

快去好好休息，又愿在我身边。"

（病中屡作此言）

只有肉心一颗。每日尖刀碎割。

难逢司命天神，恳求我死她活。

自言我病难好。痛苦已都尝饱。

又闻呓语昏沉，"阿玛刚才来到"。

（满人称父曰阿玛）

明知呓语无凭。亦愿先人有灵。

但使天天梦呓，岂非死者犹生。

爹爹久已长眠，姐姐今又千古。

未知我骨成灰，能否共斯抔土。

（先胞姑讳季华，不嫁，与先母同抚功成立，卒葬八宝山公墓，先妻骨灰即埋于穴旁，功自幼呼胞姑为爹）

新月平林鵲踏枝風
行水上枝歌時郭中
唱出莫能解不必傭
稱白雪詞 玉陽春集後
啟功篤心

启功论词绝句二十首之四

自题画册十二首

（以下一九七六年作）

旧作小册，浩劫中先妻襥其装池题字，裹而藏之。丧后始见于箧底。重装再题。

依稀明月短松岗。苊箧缄来墨自香。
老眼半枯迷五色，并无金碧也辉煌。

雨馀庭院半青苔。清秘高堂为我开。
大点浓皴肥笔刷，云林从此不重来。

43

山色由人随处有，水光藉纸本来无。
笔端造化原如此，何必王维雪意图。

羊毫生纸画难论。的的山头墨几痕。
剩与元晖同一诮，烟云懞懂树无根。

人言粉面似升仙。化作膏唇墨湛然。
昔日江南曾一见，陂塘卅六草如烟。

（墨荷）

大千云物自浮沉。浩荡江湖送古今。
雪白麻笺山一发，笑他真个不胜簪。

山川浑厚得其浑。密叶稠苔点欲昏。
梅壑梅花浑莫辨，三生石上旧精魂。

喜气写兰怒写竹，丛兰叶嫩竹枝长。
漫夸心似沾泥絮，喜怒看来两未忘。
（"喜气写兰怒写竹"，元人语）

寒鸦万点隋炀帝，流水孤村秦少游。
尘土砚池浇絮酒，清明时节写黄丘。
（"炀"，平声）

变幻无如岭上云。从来执笔画难真。
如今不复抛心力，且画源头洗眼人。

大夫一别几千春。仿佛须鬐尚有神。
占得人间半盆景，鳞皮无语自成皴。
（松）

水流云散碧天低。浅渚危峰望欲齐。

十个乌鸦鸣秃柳，风来摇曳不堪栖。

痛心篇书于画册之后，挚友宠题，谨录于此：

唐长孺先生题：**一萼红**

　　夜迟迟。正疏行淡墨，和泪写新诗。楼韵箫沉，奁开镜冷，分付零梦凄迷。有多少鹃啼雁唱，送年年幽恨上双眉。顾影帘枕，回肠针线，无限相思。　　曾记戏言身后，愿双栖共命，白首同归。病枕低呻，风灯絮语，窥户星月能知。最难忘，声声珍重，怕折磨宽却旧时衣。翘首骖鸾路，遥不负心期。

　　　　（一九七七年春，于元白先生斋头读悼亡诗，

　　　沉挚凄恻，感不绝于予心，因赋《一萼红》一阕）

黄苗子先生题：**绝句四首**

　　　　魔高一丈道千寻。耻与前贤较浅深。

　　　　堪笑石公添懊恼，只因人说似云林。

　　　（每读石涛"偶向溪边设亭子，世人又道

　　　似云林"句辄为捧腹）（上题梧桐竹石）

画手推君诣独玄。恰应移入米家船。

试看重点轻渲处，半是炉锤半是天。

（"画手推君诣独玄"，王烟客赠王石谷句）（上题米家山）

也因野逸尊石八，不废精深重四王。

输与后生饶手段，无框框要破框框。

（上题木石寒鸦）

地老天荒笔未枯。灯前泪眼认模糊。

伤心几个吞声鸟，正是闲宵长拜乌。

（"归来相见泪如珠。唯说闲宵长拜乌。"元微之忆
韦夫人句也。"拜乌"乃唐代闺习）（上题十乌图）

王畅安先生题：**绝句四首**

三生石上旧精魂。画思诗情入梦温。

一日窗前几回看，细寻压箧昔年痕。

野水蒹蒹月落迟。红衣初尽露华滋。

当时未识莲心苦，不画花销芴老枝。

一掬清泉涤眼新。白衣苍狗看氛氲。

倦来且向山中住，更作源头洗耳人。

恍见灯昏落墨时。荒寒尺幅耐人思。

君家巷口萧萧树，也有鸦栖不稳枝。

（元白尊兄以画册命题，荡气回肠，不忍卒读，谨赋俚句）

卷　三

戏题王以铸兄咸宁杂诗卷后

东皋记陶潜，西川说杜甫。

县令员外郎，官僚兼地主。

锄铲纵自持，不过单干户。

何如集体人，共耕咸宁土。

锻炼复支农，齐耘皆干部。

挂笠沐朝阳，披蓑沾暮雨。

晨出联臂歌，夜宿对床语。

妙句沁心脾，深情源肺腑。

不作繁弦音，连章尽五古。

绝似食橄榄，回甘历微苦。

诗境与人生，大约全如许。

卷尾发狂言，用质同心侣。

对酒二首

剧眩以来，已三年矣。近复一蹶，前路可知。因赋长句二首。

去年唱罢鼓盆歌。也拟从头战病魔。
心放不开难似铁，泪收能尽定成河。
终归火葬新规律，近距风瘫剩几何。
血压不高才二百，未妨对酒且婆娑。

颈椎骨质乱增生。血管崎岖阻畅行。
一蹶何期犹复振，三年已过竟无成。
久穿半席身仍卧，近瞎双睛泪未晴。
乡俗至今销殆尽，不堪骑马且骑鲸。

南乡子　因病住院时所见

余因病住医院时，见有青年女子自东北牧区来，颔下生须数茎，住院医治。其法在臀部注射气体，疼痛呼号，其须仍在。

少女貌端庄。颔下生须似不扬。千里南来求治法，奇方。扎破臀皮打气枪。　　思想要开张。颊上添毫本不妨。试向草原群里看，山羊。个个胡须一样长。

南乡子　题淡拓石门铭

魏体溯当初。结字精严点画殊。密不通风宽走马，呜呼。多少书家叹不如。　　刀钝石纹粗。纸薄于烟墨又枯。鹰眼也生白内障，模糊。"草色遥看近却无"。

南乡子　题汉吉语砖

文曰："富贵昌。宜宫堂。意气扬。宜弟兄。长相思，勿相忘。爵禄尊。寿万年。"砖方形，每边二尺馀。字作缪篆，上下二排，每排四句，笔画齐整。远观之，俨然竹帘悬于窗外也。

八句甚堂皇。所望奇奢不可当。试问何人为此语，疯狂。即或相思那得长。　　拓片贴南墙。斗室平添半面妆。忽听儿童拍手叫，方窗。果似疏帘透日光。

南乡子　颈架

禅宗六祖大鉴禅师卒后，有人悬二十千购其头。门徒已以漆布铁叶护其颈，偷儿刀斫，竟得不殊。余病眩多年，其症在颈，医制颈架，周竖铁筋，有感大鉴之事，因赋此词。请传衣钵者，下一转语。

大鉴有真身。漆布层层作领巾。夜半有人刀一斫，无痕。一个头颅二十缗。　　我眩发来频。颈架支撑竖铁筋。多少偷儿不屑顾，嫌昏。六祖居然隔一尘。

南乡子 题友人临兰亭卷

题尾句骈罗。妙语回环雅韵和。仿佛枚文功大起，沉疴。发我南乡一曲歌。　　岁月苦蹉跎。破砚徒穿枉自磨。踏遍燕郊书兴减，无鹅。遂较羲之逊几多。

南乡子 友人访"曹雪芹故居"余未克往

友人联袂至西郊访"曹雪芹故居"，余因病未克偕往。佳什联翩，余亦愧难继作。

一代大文豪。晚境凄凉不自聊。闻道故居犹可觅，西郊。仿佛门前剩小桥。　　访古客相邀，发现诗篇壁上抄。愧我无从参议论，没（平声）瞧。"自作新词韵最娇"。

南乡子 题王石谷江村月色图

月色入柴扉。意境灵奇欲造微。艺苑清初称巨擘，王翚。妙迹人间久愈稀。　　宋派几传衣。子畏东村有嗣徽。画格嘉名同不忝，清晖。曾见江河万里归。

南乡子　题金禹民印谱

治印见贤劳。方寸之间万象包。珍重钤红传四海，名高。皖浙诸家
未足豪。　　制钮艺尤超。咒虎龙螭古趣饶。手握昆吾心贯虱，逍遥。
美玉精金任意雕。

南乡子　题王石谷仿王晋卿青绿山水

处处采菱歌。南浦风来漾绿波。借问宋朝王驸马，如何？百尺竿头
几倍过。　　一片好山河。淡抹微云胜薄罗。素壁高堂新景物，青螺。
似此精工见未多。

题拙著《诗文声律论稿》奉答唐立庵先生

余论诗文声律，于未有定论而争辩无休之问题，俱不涉及。唐
立庵先生谓究宜讲述，应之曰：此马蜂窝也，岂可轻捅。立老又谓
功以北人而谈诗律，亦非易事。赋示立老。

伧父谈诗律，其难定若何。

平平平仄仄，差差差多多。

待我从头讲，由人顿足呵。

欲偕唐立老，一捅马蜂窝。

词人身世最堪衰，

字当头际逐年岁。

清明羁旅吊柳仁宗怕

苑妓怜才　纪柳耆卿

壁津词　启功

启功论词绝句二十首之五

题南宋人画瓶梅二首

张则之题，定为杨季衡笔，有笪江上、王梦楼题。

铁铸枝柯玉碾花。春风长在画人家。
分明七百年前树，折作生绡万古霞。

快雨培风富鉴裁。赝题江上笔宏开。
名山北固钟神秀，虹月光从海岳来。

踏莎行　题黄永玉兄白描玉簪花长卷

黄永玉兄以白描玉簪长卷属题。已有友人著语在前，约为禁体，不作绝句，不比美人。

万缕镕钢，千丛琢玉，笔端都合天然律。燕山大雪六街冰，谁知化作栏边绿。　小令新拈，不题绝句。掀翻窠臼君能喻。这般茂盛玉簪花，残年入目真奇遇。

徐邦达兄以早岁所画山水属题

（以下一九七七年作）

画赠名旦荀慧生者。荀初演秦腔，艺名白牡丹。

一朵妖姿白牡丹。早时艳誉满幽燕。
歌人似女原非女，画史当年尚少年。

小卷名山传翰墨，半生心力托云烟。

吾衰那有桓伊兴，坐对珍图忆坠鞭。

友人家昙花一盆，盛开速落，因赋长句。时在一九七七年秋

深宵何物幻奇芳。色逊梨花故作香。

根蒂几时来异域，声华毕竟藉空王。

轻拈迦叶成微笑，一现阎浮识淡妆。

签漏未移英已尽，这般身世太寻常。

题明人画册八首

云林设色人间少，浅碧深青韵最长。

"老鹤眠阶初露下，高梧满地忽霜黄"。

（云林小景）

堂前燕子去而归。堂上居人是又非。

领取画家真实义，柳枝常绿燕无违。

（柳）

篱落秋风雨后天。摘来新豆压芳筵。
世人徒羡安期枣，那及青青味最鲜。

（扁豆）

曾得杨妃带笑看。奇花蒙垢总无端。
画人为雪千秋耻，不用胭脂着牡丹。

（墨笔牡丹）

空传商山芝，服之能不老。
何如画里芝，与人常相保。

（灵芝）

57

花骄艳色裙，实开笑颜口。
一棵安石榴，已具两不朽。

（石榴）

菊有黄华。元亮生涯。
我附骥尾，"诗正而葩"。

（菊）

笔酣墨古。石田法乳。

小册八开，此为翘楚。

（枇杷）

题李复堂花卉册

册作于雍正九年，自署有"墨磨人"之号。绿毛鹦鹉，红药瓦盆，皆见册中自题。

如逢雍正九年春。花木犹生雨露新。

异世钦迟珍楮墨，当时声闻动乾坤。

绿毛不画娇鹦鹉，红药偏栽老瓦盆。

我愧平生灾笔砚，那堪轻怨墨磨人。

（"闻"，去声）

题繁枝红梅图

昏花双目体龙钟。画里红梅雾里逢。

佳句少陵频误诵，"野人相赠满筠笼"。

题 墨 梅 图

墨痕浓淡影横斜。绰约仙人在水涯。

有目共知标格好，这般才是画梅花。

自撰墓志铭

中学生，副教授。博不精，专不透。名虽扬，实不够。

高不成，低不就。瘫趋左，派曾右。面微圆，皮欠厚。

妻已亡，并无后。丧犹新，病照旧。六十六，非不寿。

八宝山，渐相凑。计平生，谥曰陋。身与名，一齐臭。

（六，读如溜，见《唐韵正》）

友人索书并索画，催迫火急，赋此答之

来书意千重，事事如放债。

邮票尚索还，俨然高利贷。

左臂行将枯，左目近复坏。

左颧又跌伤，真成极右派。

鄙况不多谈，已至阴阳界。

西望八宝山，路短车尤快。

拙画久抛荒，拙书弥疥癞。

如果有轮回，执笔他生再。

题刘墉杂书册，用伊秉绶题尾韵
（以下一九七八年作）

刘墉书迹颇斓斑。仿佛襄阳画里山。

四十二泉翻阁帖，精魂枣石此中还。

59

庭中芭蕉二首

院小人偏静，窗开室更幽。
芭蕉肥又大，浓绿是深秋。

介然芭蕉身，未负牛羊债。
霜雪与春阳，一般无挂碍。

（黄山谷诗云："忍持芭蕉身，多负牛羊债"）

淄川石砚铭

锋发墨，不伤笔。箧中砚，此第一。
得宝年，六十七。一片石，几两屐。

折　扇　铭

既有骨，又有面。割方就圆未及半。
觚不觚，字可辨。直道而书义自见。

陆俨少画二卷二首

副骓真笔归何处，今日能披迹亦陈。

那似新图收众妙，王香光后属斯人。

（烟江叠嶂图）

"蜀江水碧蜀山青"。谁识行人险备经。

昨日抱图归伏枕，居然彻夜听涛声。

（峡江险水图）

陆俨少为韩天衡作黄山图袖卷

宿约登临廿五年。如今真蹑众峰巅。

松涛谡谡疑无地，云海绵绵别有天。

画笔探微输后劲，诗情务观怯先鞭。

劫波流转名山换，始见韩陵片石坚。

（一九五三年友人约游黄山，因事不果往，今观此卷，如践宿约）

次韵聂君绀弩一首，绀翁曾被"四人帮"刑禁多年

汤火惊魂竟不飞。万方有罪四人肥。

二毛无恙移干土，上坐依然摄敝衣。

后日自知销后患，先生初计已先非。

学诗曾读群贤集，如此心声世所稀。

题蓝玉崧兄草书白香山长恨歌、琵琶行二卷二首

沉醉三郎乐未休。开天盛业一时收。

君王举袖缘何事，遮得人前满面羞。

（上题长恨歌卷）

圆朱小印问何如。果似湘僧醉后书。

可爱笔端风雨快，鱼笺百幅立时无。

（上题琵琶行卷，卷中有自钤小印，文曰"何如"）

题唐墓志二种二首

家臣述事定非诬。千载之前投靠书。

莫把彭城夸世望，簪缨陵替是朱虚。

（刘濬墓志，文称家臣撰序，盖子孙托言也。记濬

为汉裔，官至太子中舍人，曾为武后策徐敬业必败）

砖塔孤行千古胜，簪花诣绝世翻疑。

王仪贞石光天壤，始识书仙敬客师。

（王大礼墓志。大礼字仪，志为敬客师书，楷法精美，盖即

书王居士砖塔铭者。塔铭署敬客书，客或是名，或是字也）

自画葡萄

密叶张青盖，枯藤缀紫霞。

梦中温日观，仍着破袈裟。

黎雄才九松图

饱墨浓图九棵松。霸才今见画中雄。

衰迟我愧虫鱼笔，难向长缣赋大风。

63

一九七八年十二月在长春吉林大学观哲里木盟出土西周铜器二首

闳门如镜沐晨光。更见朱申世望长。

我愧中阳旧鸡犬，身来故邑似他乡。

（长白山天池，满语曰闳门）

中华文物灿商周。远自毡乡暨粤陬。

宝历四千人一体，有谁斗胆伺金瓯。

论词绝句二十首

暝色高楼听玉箫。一称太白惹喧嚣。
千年万里登临处，继响缘何苦寂寥。

（李白）

词成侧艳无雕饰，弦吹音中律自齐。
谁识伤心温助教，两行征雁一声鸡。

（温庭筠）

一江春水向东流。命世才人踞上游。
末路降王非不幸，两篇绝调即千秋。

（李煜）

新月平林鹊踏枝。风行水上按歌时。
郢中唱出吾能解，不必谦称白雪词。

（冯延巳）

词人身世最堪哀。渐字当头际遇乖。
岁岁清明群吊柳，仁宗怕死妓怜才。

（柳永）

柔情似水能销骨珠玉月

珠瓦砾堆官大斥人拈绪线

却向寰黉燕惆耳

晏殊作光以及盡惆一聯曾於

诗中词中景用：启功清華

启功论词绝句二十首之六

柔情似水能销骨，珠玉何殊瓦砾堆。
官大斥人拈绣线，却甘词费燕归来。

　　　　（晏殊）

潮来万里有情风。浩瀚通明是长公。
无数新声传妙绪，不徒铁板大江东。

　　　　（苏轼）

斗酒雷颠醉未休。小梅花最见风流。
路人但唱黄梅子，愧煞山阴贺鬼头。

　　　　（贺铸）

叔世人文品亦殊。行踪尘杂语含糊。
美成一字三吞吐，不是填词是反刍。

　　　　（周邦彦）

毁誉无端不足论。悲欢漱玉意俱申。
清空如话斯如话，不作藏头露尾人。

　　　　（李清照）

夕阳红处倚危栏。青兕归朝杀敌难。
意气干云声彻地，群山不许望长安。

（辛弃疾）

词仙吹笛放船行。都是敲金戛玉声。
两宋名家谁道着，春风十里麦青青。

（姜夔）

顾影求怜苦弄姿。连篇矫揉尽游辞。
史邦卿似周邦彦，笔下云何我不知。

（史达祖）

崎岖路绕翠盘龙。七宝楼台蓦地空。
沙里穷披金屑小，隔江人在雨声中。

（吴文英）

万绿西泠一抹烟。情深不碍语清圆。
碧山四水难争长，玉老田荒恐未然。

（张炎）

欲把英雄说与君。词豪一代几曾闻。
笔端黄叶中原走，多事横图画紫云。

（陈维崧）

纳兰词学女儿腔。数典文人病健忘。
伊彻曼殊家咫尺，梭龙何故号诸羌。

（成德）

渔歌响答海天风。南谷齐眉唱和同。
词品欲评听自赞，花枝不作可怜红。

（《东海渔歌》）

69

妄将婉约饰虚夸。句句风情字字花。
可惜老夫今骨立，已无馀肉为君麻。

（伪婉约派）

豪放装成意外声。欲教石破复天惊。
闭门自放牛山屁，地下苏辛恐未能。

（伪豪放派）

论诗绝句二十五首

唐以前诗次第长。三唐气壮脱口嚷。
宋人句句出深思，元明以下全凭仿。

（综论）

世味民风各一时。纷纷笺传费陈辞。
雎鸠唱出周南调，今日吟来可似诗。

（诗经）

芳兰为席玉为堂。代舞传芭酹国殇。
一卷离骚吾未读，九歌微听楚人香。

（楚辞）

"日月星辰和四时"。堂皇冠冕帝王辞。
穷兵黩武求仙死，身后谁吟一句诗。

（汉武帝）

鼎分一足亦堂堂。骥老心雄未是殇。
横槊任凭留壮语，善言究竟在分香。

（曹孟德）

有意作诗谢灵运，无心成咏陶渊明。
浓淡之间分雅俗，本非同调却齐名。

（谢灵运、陶渊明）

千载诗人首谪仙。来从白帝彩云边。
江河水挟泥沙下，太白遗章读莫全。

（李太白）

主宾动助不相侔。诗句难从逻辑求。
试问少陵葛郎玛，怎生红远结飞楼。

（杜子美）

地阔天宽自在行。戏拈吴体发奇声。
非唯性僻耽佳句，所欲随心有少陵。

（杜子美）

"昔有佳人公孙氏，一舞剑器动四方"。
便唱盲词谁敢议，少陵威武是诗皇。

（杜子美）

语自盘空非学仙。甘回涩后彻中边。
三唐此席谁祧得，诗到昌黎格始全。

（韩退之）

路歧元相岂堪侔。妙义纷纶此际求。
境愈高时言愈浅，一吟一上一层楼。

（白乐天）

袅枝啼露温钟馗。水腻花腥李玉溪。
恰似赏音分竹肉，从来远近莫能齐。

（温飞卿、李义山）

古文板木乏灵气，少诗莫怪曾南丰。
奏议万言诗胆弱，四平八稳见荆公。

（曾子固、王介甫）

笔随意到平生乐，语自天成任所遭。
欲赞公诗何处觅，眉山云气海南潮。

（苏子瞻）

抖擞霜蹄历块行。涪翁初志亦纵横。
谁知力不从心处，却被西江藉作名。

　　　　（黄鲁直）

妙句江湖夜雨诗。胜吟桃李发南枝。
异趋有志才偏短，总较东坡一步迟。

　　　　（黄鲁直）

新安理学盛元清。为攘为资效已明。
但作诗人应寡过，武夷还有棹歌声。

　　　　（朱仲晦）

万首诗篇万里程。贪多爱好一身经。
晚年得句谁相和，但听糟床滴酒声。

　　　　（陆务观）

青芦荷叶共吟商。更有箫声伴夜航。
雅洁不妨边幅窘，江湖诗伯首尧章。

　　　　（姜尧章）

昔人曾议梅村俗。我谓梅村俗不足。
清诗应首子弟书，澍斋小窗俱正鹄。

（吴骏公）

七子何须论前后，唐规谛视是元型。
声宏实小多虚势，刮垢磨光仗带经。

（王贻上）

词锋无碍义无挠。笔底天风挟海涛。
试向雍乾寻作手，随园毕竟是文豪。

（袁子才）

望溪八股阮亭诗。格熟功深作祖师。
我爱随园心剔透，天真烂漫吓人时。

（袁子才）

性灵拈出自成宗。瓯北标新是继踪。
试问才人谁胆大，看吾宗老澍斋翁。

（春澍斋）

染尽芸香情感深

瀚通明毛长公世无新

声传妙技示浅识板

大江东

细语钿板送牢口卖庵为坡仙听唱

启功

启功论词绝句二十首之七

卷　四

读王朝闻《论凤姐》

（以下一九七九年作）

文章本天成，妙手偶得之。

试读《红楼梦》，斯言不吾欺。

仰首观太清，滓秽安可施。

平视大圆镜，照见须与眉。

作者手中笔，与我同毛锥。

作者眼中事，与我同悲熹。

万类无遁形，濡墨如燃犀。

何故使其然，一往空陈规。

"我手写我口"，造物失其私。

白日悬中天，盘烛任所疑。

或以拟掌故，朝局康熙时。

是曰旧红学，惜哉徒尔为。

或以品头足，秖纤校妍媸。

大嚼过屠门，遐想窥深闺。

或嫌貂不足，狗尾聊自持。

续梦复真梦，可耻荒唐词。

或有考据癖，面墙刮其皮。

买椟椟不材，问珠珠不知。

有书《论凤姐》，借读陈一瓻。

鞭辟拈金针，触透肤与肌。

明珠孔九曲，贯串长青丝。

青丝何能入，蚁子衔而驰。

一日过几曲，九折从可期。

心深力不舍，一一皆吾师。

藻鉴堂即事十二首

颐和园西南角有藻鉴堂，前有石凿方池，殆堂所由名也。堂构已拆，改建小楼，妖姬曾踞之，蹄远可辨。今改招待所。一九七九年酷暑，余借寓数日，苦蚊不寐，口占短咏。

古刹初题大报恩。忽倾金碧幻名园。
山巅无恙琉璃阁，螺髻仍飘五色云。

（颐和园乾隆时为大报恩延寿寺，慈禧改为今园）

北人惯听江南好，身在湖山未觉奇。
宋玉不知邻女色，隔墙千里望西施。

（有人论西湖与昆明湖优劣）

人巧天工合最难。匠心千古不容攀。
宜晴宜雨宜朝暮，禁得游人面面观。

昆明池映瓮山阿。秋月春花阅几多。
今日午晴逢我倦，松风无语水无波。

佛香高阁暮云稠。雨后遥青入小楼。
咫尺昆明无路到，真成廷尉望山头。
　　（此堂无路可通园中）

旧凿方池迹已荒。新成邃宇树千章。
凋零帷薄依稀在，过客犹窥武媚娘。

割鸡徒用宰牛刀。毕竟言游未足豪。
天下青虫俱可憎，大风一映落鸿毛。
　　（谈果园喷药杀虫事）

石栏点笔坐题诗。天宝年来又一时。
人事不殊风景异，万民今说六军慈。

满池秋水纳秋晴。石槛临流韵倍清。

暂豁双眸贪远眺，偏聋左耳任蛙鸣。

不待羲之笔入神。低头早拜路边尘。

写经难怪无人换，鹅鸭当前认未真。

（遥望湖中群鸭误呼为鹅）

痼疾缠绵气管炎。今年心脏病新添。

西南一望程堪计，高突浓烟八宝山。

一碧长天岂有涯。只身随处尽吾家。

危栏下是西郊路，八宝山头共晚霞。

（先妻葬八宝山麓）

石可兄琢砚题铭二首

砚如瓦，最宜墨。与斯人，寿无极。石可琢，启功识。

（半瓦当形砚）

石号红丝，唐人所贵。一池墨雨天花坠。

（红丝砚）

开国三十周年祝词

卅载开基远，三秋拨乱多。

工农增事业，学校盛弦歌。

永断遮天手，同持返日戈。

欣逢更化际，珍重好山河。

潘天寿画小卷

寿道人人木讷而画精警，遇物成图，不啻登高能赋。笔不应手时，即以指甲、匕箸，以至莲房、蚕茧，无不可供驱使。其妙趣又有鼠须、兔颖所不能致者。不幸死于泰山虎口，而遗墨益虎虎有生气焉。

鸟似有情行草地，石终无语卧花阴。

萧寥短卷刚三尺，磊落柔毫值万金。

沙孟海先生石荒图

孟老少好治印，锲而不舍，吴缶翁为题"石荒"二字以警之。乃倩蔡寒琼先生为之图。

柔毫铁笔用无殊。腕力沙翁继缶庐。

点染名都助佳丽，奇章妙迹满西湖。

龙马精神意气扬。西泠欣见鲁灵光。

虚心长记先贤语,画比书绅写石荒。

题 龙 尾 砚

(以下一九八○年作)

　龙尾石产婺源,旧属歙州,乃歙石之一支也。歙州砚务始自
南唐。

　　　砚务千年久,良材此日多。

　　　案头增利器,笔底发讴歌。

　　　肤理牛毛细,雕镌楮叶过。

　　　手摩一片石,神往歙山阿。

82

鹧鸪天八首　乘公共交通车

　乘客纷纷一字排。巴头探脑费疑猜。东西南北车多少,不靠咱们这
站台。　　坐不上,我活(作平)该。愿知究竟几时来。有人说得真精
确,零点之前总会开。

　远见车来一串连。从头至尾距离宽。车门无数齐开闭,百米飞奔去
复还。　　原地站,靠标竿。手招口喊嗓音干。司机心似车门铁,手把
轮盘眼望天。

这次车来更可愁。窗中人比站前稠。阶梯一露刚伸脚，门扇双关已碰头。　　长叹息，小勾留。他车未卜此车休。明朝誓练飞毛腿，纸马风轮任意游。

铁打车箱肉作身。上班散会最艰辛。有穷弹力无穷挤，一寸空间一寸金。　　头屡动，手频伸。可怜无补费精神。当时我是孙行者，变个驴皮影戏人。

挤进车门勇莫当。前呼后拥甚堂皇。身成板鸭干而扁，可惜无人下箸尝。　　头尾嵌，四边镶。千冲万撞不曾伤。并非铁肋铜筋骨，匣里磁瓶厚布囊。

车站分明在路旁。车中腹背变城墙。心雄志壮钻空隙，舌敝唇焦喊借光。　　下不去，莫慌张。再呆两站又何妨。这回好比笼中鸟，暂作番邦杨四郎。

入站之前挤到门。前回经验要重温。谁知背后彪形汉，直撞横冲往外奔。　　门有缝，脚无跟。四肢着地眼全昏。行人问我寻何物，近视先生看草根。

昨日墙边有站牌。今朝移向哪方栽。皱眉瞪眼搜寻遍，地北天南不易猜。　　开步走，别徘徊。至多下站两相挨。居然到了新车站，火箭航天又一回。

见镜一首。时庚申上元，先妻逝世将届五周矣
（以下一九八一年作）

岁华五易又如今。病榻徒劳惜寸阴。

稍慰别来无大过，失惊俸入有馀金。

江河血泪风霜骨，贫贱夫妻患难心。

尘土镜奁谁误启，满头白发一沉吟。

题松花江绿石砚二首。松花江满语与天河同字

良工手捥片云飞。远傍银河下翠微。

不待星槎随博望，眼前今见石支机。

一片贞珉翠欲流。闳门佳气自千秋。

案头即是燕然碣，鸿业奇勋笔下收。

李可染九牛图

李君画师古。笔端金刚杵。

细者如一毛，大者兼二虎。

匹夫心匪石，拉转徒自苦。

韩滉枉驰名，平生才画五。

题失款周东村画

群峰竞秀拥层云。霜叶山居染夕曛。

刘李先型吴苑笔，不劳题署识东村。

题沈石田桐阴乐志图。图与石渠旧藏
桐阴玩鹤图笔法设色绝相似

雨后层峦翠欲流。吴缣妙制出长洲。

石渠旧宝桐阴鹤，相见文华殿上头。

题文徵明万壑争流图

眼明真作卧中游。万壑千岩尺素收。

笔墨精工追宋派，山川映发到吴头。

峦容未雨犹如滴，木叶微苍欲变秋。

多病久稀登览兴，披图又泛五湖舟。

避暑山庄

群山苍翠拥离宫。乔木当年系六龙。

千祀人文归一统，万方胞与乐同风。

沧桑岂废先猷鉴，弧矢曾销北鄙锋。

大地欣逢更化际，金瓯业广在和衷。

题贺兰山石砚二首

中华民族交融久，万里舆图一版收。

砚是贺兰山上石，班超有笔莫轻投。

千辛采得高山骨，众智联成巧匠心。

寄语临池挥翰客，要知一砚重兼金。

斗酒雷尊未休杯
花一曲見風流語人但
恨黃梅子愧熟小情
賀鬼頭

賀梅子一首
一九八五年夏 启功

启功论词绝句二十首之八

题沈石田画卷

卷有王济之、吴原博题。梅道人自谓其画须待五百年后人论定。

白石仙翁去已远。笔椽墨海犹舒卷。

有竹如逢物外居，双清喜放图中眼。

题诗二老吴与王。未因冠带负行藏。

不虚论定他时约，五百春秋共瓣香。

题灵璧县虞姬墓二首

腐心取代彼秦皇。嗤类空时号霸王。

一惠节来犹有耻，不随鱼鳖过乌江。

千秋有美在于斯。一剑分明报所知。

今日享堂帷薄肃，行人谛听拔山诗。

中华书局七十周年纪念

开局迢遥七十周。芸编与我共春秋。

青灯仍奋三馀笔，鸿业新看百尺楼。

焚后奇观书有种，镌来善本字精髓。

赓歌尚忆怀铅乐，片席当年预胜流。

辛亥革命七十周年征题

半封半殖半蹉跎。终赖工农奏凯歌。

末学迟生壬子岁，也随诸老颂先河。

偕日本书道访中团至曲阜，观汉碑。赋此赠之，二首

（以下一九八二年作）

生民含戴沐春风。早见宫墙矗海东。

不待乘桴朱舜水，瀛壖邹鲁一天同。

（舜水东渡，曾建庙堂）

千年妙琢出东都。谶纬纷陈义略殊。

足慰羹墙全璧在，蚕头燕尾任模糊。

自曲阜至泰安道中

圣域垂千古，吾生第一游。

雨馀风胜酒，年好稼如油。

回首宫墙远，遥天岳色浮。

登临堪纵目，不必是南楼。

朱笔竹石

石古竹心虚。芳园占一隅。
丹铅留小景，灯火校书馀。

兰　竹

丛兰修竹共幽姿。细雨春雷又一时。
植向长笺应自笑，有人高诵北山移。

91

松泉图拟梅花道人

长松发狮子吼，怪石坐金刚禅。
借问梅花消息，道人一指青天。

画　蒲　桃

不饮杨总统酒，爱饲鲜太常龟。
至今玛瑙寺畔，年年翠色累累。

朱　荷

艳说朱华冒绿池。西园秋老几多时。

赏音最是尧章叟，爱看青芦一两枝。

潘伯鹰自书墨竹赋，谢稚柳补图，潘夫人属题

宝轴琼瑶赋，长存戛玉声。

惊才空洛下，补墨出彭城。

苕篚平生稿，寒窗永夜灯。

故人同有泪，滴遍剡溪藤。

次韵黄苗子兄题聂绀弩《三草集》

"口里淡出鸟"，昂然万劫身。

飞来天外句，划却世间文。

眼比冰川冷，心逾炭火春。

娲皇造才气，可妒不平均。

新　制　布　被

布被制来新。轻柔稳称身。

诗酣头正盖，草熟画偏匀。

榻暖晨开户，炉红夜减薪。

冰天行脚处，添得一肩春。

南游杂诗五首

千里南来访鹤铭。长桥飞跨大江横。

河声岳色寻常见，一到金焦眼倍青。

点画俱经白垩描。无端吓煞上皇樵。

何当重堕江心去，万里洪流着力浇。

巍然歌吹古扬州。历历名贤胜迹留。

劫火十年烧未尽，绿杨丝外夕阳楼。

饭后钟声壁上纱。院中开谢木兰花。

诗人啼笑皆非处，残塔欹危日影斜。

非关胡马践江干。大破天荒是自残。

待写扬州十年记，游魂血污笔头干。

应香港中文大学之邀南行访问四首

森梢万笏起岑楼。水碧山青四望收。
安得河中马遥父，江天一角写南陬。

杖朝腰脚复南行。片刻云霄万里程。
略似牛羊浅草上，春风区脱步纵横。

济济簪裾出上庠。海隅何止破天荒。
同文再见嬴秦后，万国图书聚一堂。

巍峨学府署中文。涵夏攸同薄海尘。
接席赓扬杯酒乐，更从弦诵听韶钧。

留题香港中文大学新亚书院云起轩

共依南斗望神州，杯酒层轩笑语稠。
檐下白云栏外水，海天如镜好同舟。

喜晤牟润老

早岁虬髯意气豪。市楼谈吐静群嚣。

卅年屐履回尘迹，一帙文章压海涛。

把臂国门头共白，掬膺时事目无蒿。

励耘著籍人馀几，敢附青云效羽毛。

北京师范大学八十周年纪念祝词

八十春秋屈指经。一堂新进接耆英。

高才历历偕谋国，嘉树欣欣荫广庭。

作范群伦兼德艺，夺标四化奋仪型。

弦歌便奏倾杯乐，请听敲金戛玉声。

95

临八大山人双鸟图，误题为雏鸡，拈此解嘲，二首

暮年肝胆失轮囷。不为鸡虫自损神。

开卷有时还技痒，居然四个大山人。

（客问四大山人出处，对曰：即是
半个八大山人。客曰：颜之厚矣）

涎涎双禽尾最奇。如何误认作雏鸡。

舞文弄墨先睁眼，不辨鸡禽莫乱题。

（"燕燕。尾涎涎。张公子，时相见。"

汉代谣谚。涎音殿，或作涎涎，误）

题乾坤一草亭图

一曲溪山换草莱。雨馀清净夕阳开。

小亭无语乾坤大，坐阅青黄又几回。

题　画　梅

孤山冷淡好生涯。后实先开是此花。

香遍竹篱天下暖，不辞风雪压枝斜。

心脏病发，住进北大医院，口占四首

时距老妻病逝于此已七年矣。余昔以颈椎病住此四阅月，今日
医师已多更易，只有房间如旧耳。彻夜不眠，伏枕成咏。

住院生涯又一回。前尘处处尽堪哀。

头皮断送身将老，心脏衰残血不来。

七载光阴如刹那，半包枯骨莫安排。

老妻啼笑知何似，眼对门灯彻夜开。

已经七十付东流。遣计馀生尚几秋。

写字行成身后债，卧床聊试死前休。

且听鸟语呼归去，莫惜蚕丝吐到头。

如此胜缘真可纪，病房无恙我重游。

（昔人有句云："举世尽从忙里过，何人肯向死前休"）

衣钵全空夜半时。凡夫一样命悬丝。

心荒难觅安无着，眼小频遮放已迟。

窗外参差楼作怪，门边淅沥水吟诗。

咬牙不吃催眠药，为怕希夷处士嗤。

病床辗转忽经旬。耿耿深宵百苦身。

去世来生谈总妄，哀多乐少历曾亲。

弥天莫补伤心债，近死空书发愿文。

坠露无声如泪滴，清和夜宇胜秋旻。

马国权兄索诗，赋赠

（以下一九八三年作）

我有畏友生粤中。高门峻望源扶风。

家居近在东塾东。薪火传自容斋容。

倾河泄露文章工。学兼今古能会通。

凌云大字如雕虫。游丝细草如跳龙。

印文屈曲泥朱红。砚材磨琢山岌嶪。

白垩着鼻斤成风。昆吾入手金在镕。

章草字典开鸿濛。一编稿积卑崇墉。

简惰之体搜来丰。部居不杂孙从翁。

促膝谈宴烛跋空。遥天辨析劳邮筒。

一自出疆日在公。江云渭树稀过从。

今春海峤欣重逢。寒暄不暇墨已浓。

小诗字字吟胡龙。长缣幅幅披心胸。

一猫奋爪睛泃泃。二人欢笑心融融。

此乐何极堪登峰。忘年似可还吾童。

归来病卧身疲癃。欲驰缄札无由封。

但愿岁暮文字饮，我唱君和声增宏。

（张怀瓘引王愔论《急就章》之草字云，

"汉俗简惰，渐以行之"）

晋阳学刊题辞

示人以宝藏，饮人以醇醪。

比崇山之郁郁，如凌云之飘飘。

洛阳以三都而纸贵，晋阳以一册而名标。

信吾民之精神与物质，将益臻乎文明之域，而收显效于普及与提高也。

旧歙砚铭

粗砚贫交，艰难所共。当欲黑时识其用。

题雷峰塔经残卷

梨枣雕镌溯晚唐。零玑碎玉出钱塘。
袖中塔影庄严在，便是雷峰夕照长。

99

傅抱石出峡图卷

"巫峡千山暗"，江帆一片孤。
班班出蜀迹，历历印无殊。
云卷峦皴曲，风飘叶点疏。
元章矜刷字，书画本同涂。

游唐昭陵二首

刘蹶嬴颠又几时。夕阳宫阙剩沉思。
群雄初尽山陵起，八水分流日月驰。
深刻大书碑有字，鞭长锉利骨无遗。
一盘黑白楸枰子，和靖先生总不知。

扑面黄尘入九嶕。温韬曾此剖玄封。

抛残玉匣珠襦处，应有奸兄射弟弓。

燕啄何期遗祀换，香分端愧老瞒雄。

一生剪伐呕心血，转逊双铭四论工。

东 坡 像 赞

香山不辞世故，青莲肯溷江湖。

天仙地仙太俗，真人惟我髯苏。

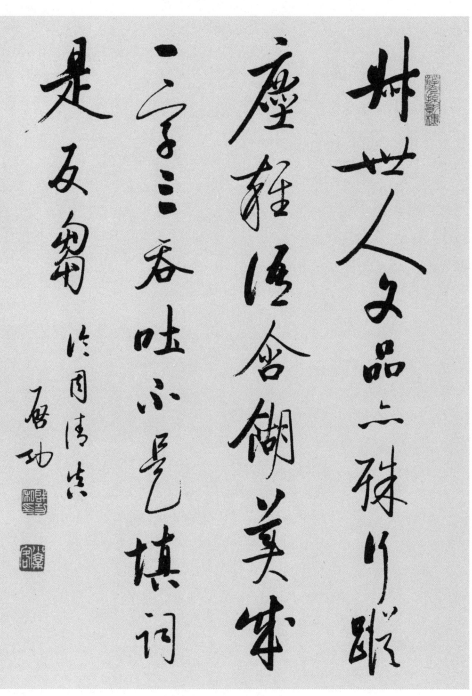

举世人文品目殊，尘轻泥舍孰为朱。一字三吞吐，心觉填词是反刍。约园清宾 启功

启功论词绝句二十首之九

卷　五

题画兰竹二首
（以下一九八四年作）

朱竹世所稀，墨竹亦何有。
随意笔纵横，人眼听我手。

长竿高节。幽兰几撇。
簝下林梢，铿然似铁。

望江南　题陈健碧仿八大山人墨荷长卷

江南好，水上绿云乡。片片翠盘擎宝盖，沉沉清雾阁骄阳。千柄炫
红妆。　　朱八大，妙笔幻无方。三百年来陈健碧，一台明镜万灯光。
墨雨见心香。

鹧鸪天　题陈健碧临八大画册

八大山人笔入神。参天两地冠千春。茫茫造化全无主，弹指须弥万象新。　　谁狡狯，乱吾真。直教今古共难分。仲姬枉叩中峰本，可是曾扪鼻孔人。

题石涛画卷二首

一卷诗心绮练长。白云红树映斜阳。
石涛嗣得龙池法，点点陱麋海印光。

似叶风帆下石头。雄矶突兀立中洲。
毫端一踢铜瓶倒，云在青天水自流。

题金陵姚允在仿荆关山水长卷，有龚野遗长跋

千载荆关迹未传。依稀卷里识前贤。
赏音难得龚遗叟，腕底犹飞六代烟。

虎门炮台征题

当年大老立中朝。忠荩无亏日月高。
鸩毒沦肌来鸦片，燕嬉销骨积牛毛。
孤悬炮垒人心拱，万里刀环马足遥。
十亿于今同一德，虎门门外海安潮。

浓墨画兰花淡墨画叶

国香不与众芳同。特立平芜蔓草丛。
浓墨一池花一瓣，好当寒燠四时风。

月 季 二 首

圆月增新魄，清香得好风。
满田生火齐，佳获是群红。

篱边绝色备诸妍。不许行人信手搴。
从此世间无恨事，花开常好月常圆。

镜尘一首，先妻逝世已逾九年矣

凋零镜匣忍重开。一闭何殊昨夕才。

照我孤魂无赖住，念君八识几番来。

绵绵青草回泉路，寸寸枯肠入酒杯。

莫拂十年尘土厚，千重梦影此中埋。

百 花 潭

秋深犹见柳毵毵。夕月晨风出汉南。

又向江干成小住，眼前好景百花潭。

乐山征题摩崖巨石佛像

津梁过后小淹留。歇脚江干阅众流。

长与三巴人共寿，临风微笑几千秋。

周口店北京猿人头盖骨发现处征题

为寻人之原，来登山顶洞。

上溯亿万年，谈史如说梦。

考古科学家，一启盘古封。

遂使后世人，恍知生所竞。

闻有类人猿，直立能劳动。

因之脱异趣，得与群灵并。

强者为刀俎，发号而施令。

弱者为鱼肉，劣败输优胜。

沧桑若干易，天地几番哄。

史书廿四部，只填一个缝。

庞大推恐龙，骨朽无多剩。

猿头存少半，价比千金重。

岂欲宝枯骸，但作历史证。

后视今难知，今视昔可定。

名区周口店，不啻神仙境。

何必花果山，始见孙大圣。

（"封""动"，去声）

肇庆杂诗四首

（以下一九八五年作）

果然奇丽擅天南。花萼猩红水蔚蓝。

绝顶虚亭标胜概，行人指点七星岩。

山口逶迤一径深。石坊高矗唤登临。

惊人彩画翻新样，灯火辉煌大点金。

山骨雕镂巧艺多。砚池如镜墨轻磨。
题诗却缩濡毫手，前有丰碑李泰和。

处处巍峨起画楼。梯航寰宇竞来游。
"不知筋力衰多少"，但向寒窗自举头。

朱 竹

海舶春风日上时。舟轻宝重欲归迟。
推篷一放临流眼，处处珊瑚出水枝。

西域书画社征题

汉晋论书派，西陲擅胜场。
张芝与索靖，江表逊遗芳。

题 画 朱 竹

密节高千尺，虚心侣万茎。
芸窗风跌荡，棐几意丁宁。
久罢批行卷，无劳点《易经》。
砚池朱当墨，一画满天青。

彻夜失眠口占二首

垂老无家别，居然德不孤。

纷纷登鬼录，滚滚见吾徒。

"凡"下休题"鸟"，"乎"前可坐"乌"。

何须求睡稳，一榻本糊涂。

气管多年病，愁凉复畏风。

炎天张火伞，小屋作蒸笼。

蚊子钻难入，雷公打不通。

案头电风扇，无处立新功。

失 眠 三 首

月圆花好路平驰。七十年唯梦里知。

佛法闻来馀四谛，圣心违处枉三思。

满瓶薄酒堆盘菽，入手珍图脱口诗。

昔日艰难今一遇，老怀开得莫嫌迟。

（"三"，平声）

"十年人海小沧桑"。万幻全从坐后忘。

身似沐猴冠愈丑，心同枯蝶死前忙。

蛇来笔下爬成字，油入诗中打作腔。

自愧才庸无善恶，兢兢岂为计流芳。

半生原未尽忘财。计拙心疏亦可哀。

比屋东邻偏左顾，出门西笑却归来。

未存灵运生天想，却羡刘伶就地埋。

狼藉一堆残稿在，灯前页页逐颜开。

失眠口占三首

半世牛衣榻，馀年燕处家。

窗明星似月，杯浅酒疑茶。

字欠逢人债，诗凭自我夸。

傲他姜白石，生傍马塍花。

（俚语云："满斟酒，浅斟茶"）

（院中多此树，花开正繁）

病肺难高枕，僵顽在颈椎。

熄灯听表秒，仰屋默盘棋。

明日何时睡，今宵片刻饥。

一言终笃信，不药是中医。

诗思随春草，宵来涨绿波。

为他眠不着，问我意如何。

枕上匆匆写，灯前字字哦。

剑南盈万首，想亦睡无多。

次韵杨兄宪益

宪益兄忽患眩晕症，又霍然而愈，拈诗见示。余旧有此症，亦
不知如何而自愈焉。次韵奉答。

传来立愈头风檄，却是轻松七字诗。
美疢备尝怜我早，奇方无效献公迟。
"天旋日转回龙驭"，地动山摇唱水词。
但作笨牛随孺子，任他齐主问何之。

（皮黄戏中随处可用之词，谓之水词。如点绛
唇曲牌之"地动山摇，儿郎虎豹"云云是也）

111

莱溪雅集图

常熟翁万戈兄雅集于美洲侨寓之莱溪精舍，赏玩所藏。余因病
未得远行，蒙以世守灵飞经墨迹四十三行影本见赠。

鸽峰气秀水流长。毓作莱溪宝绘堂。
奖善西田摹石谷，谈天东海辨香光。
群书聚胜奇难数，巨笔传神妙欲狂。
不恨盛筵吾未预，探骊几倍十三行。

（闻是日观王烟客临王石谷画稿，徐邦达兄
高谈董画，主人速写座客真容为雅集图）

孙君大光属题文徵明木泾图卷，次原题韵

（卷后有杨升庵、邢子愿诸家题）

平生水石最相关。胜景真疑消夏湾。

毕竟奇踪非俗谛，能归巨眼即名山。

赞无好句亏佳丽，跋富英灵异等闲。

马齿经年垂棘在，高擎宝轴待君还。

写 字 示 友

笔不论钢与毛。腕不论低与高。

行笔如"乱水通人过"，结字如"悬崖置屋牢"。

竹 臂 阁 铭

习静跏趺当禅板。阁臂抄书力可缓。一节能持莫嫌短。

姑苏建城二千五百年纪念征题

（以下一九八六年作）

旧迹依稀响屦廊。胥涛无改尚轩昂。

行人犹记吴王事，共说今朝草最芳。

败絮无端不足论悲歌

漱玉意虑俱申清空如话

斯如话不作藏额露鬓

尾人

而古嫁言於人们于使采再
嫁於词曰干语涉嫁不去尽

作词人 启功

启功论词绝句二十首之十

题文与可晚霭图卷

图为江安傅氏世守，经劫遗失，为熹年兄复得。

真本湖州晚霭横。擎来宝轴白檀馨。
千章乔木晴川色，无尽江山故国情。
秦火枉图燔大器，楚弓重得护先型。
精严匹练秋毫笔，犹带琅玕墨雨声。

亚明画欧阳修像

一表泷岗万古宗。无缘謦欬见音容。
亚明信笔留标格，画里今朝识醉翁。

江陵古迹征题

江陵从古号雄州。骏足危樯据上游。
楚子北朝隳旧业，孙郎西顾有深谋。
人歌白雪今传节，史记朱申昔驻斿。
但祝安澜天堑阔，彩云白帝下飞舟。

人造卫星发射纪念征题

"积学所致无鬼神"。名言急就义堪申。
地球竟入宜僚手，一箭腾飞宇宙新。
（"积学所致无鬼神"，《急就篇》句）

钓　鱼　台

声声骤雨打新荷。翠叶传杯一曲歌。

七百年来佳丽地，钓鱼台下有清波。

竹臂阁铭

（剖竹成半筒，形近铁券）

酒杯未冷誓先寒。铁券金书世笑看。

何似剖来黄玉筒，铭勋自我写琅玕。

四川渡口攀枝花工业区征题

百花齐放值明时。事业腾飞喜在兹。

天府丰饶称锦绣，更攀新艳两三枝。

临八大山人画自题

胆无八大大。气无八大霸。

八大再来时，还请八大画。

八大未来时，此画先作罢。

试读《人觉经》，我话非废话。

四川夹江纸征题

直如矢。道所履。平如砥，心所企。

清且白，夹江水。品与书，视此纸。

题黄胄画驴五首

膝下依依感最深。谁将善恶判人禽。

分明驴性通人性，论即无心画有心。

（子母驴）

三尺黄尘驴打滚，墨痕狼藉笔飞扬。

画人识得驴甘苦，解下行囊放下缰。

（卧驴）

我手何如佛手黄。我脚何如驴脚长。

要识老僧无妄语，横看成岭侧成岗。

（前题卧驴横卷，乃直幅立驴之误，补题此首解嘲。

古德有机锋语云："我手何如佛手，我脚何如驴脚"）

结伴同行两个驴。想因人屋不堪居。

何来无款名家画，留得长天待我书。

（八大山人自署"驴屋"，又有"驴屋人屋"一印）

尾秃蹄纤世所轻。低头负重每先行。

千鞭百叱充庖去，可惜毛驴利物情。

忽然患聋，交谈以笔，赋此自嘲

（以下一九八七年作）

眩后无端又耳聋。不痴也作阿家翁。

喧嚣中有安禅法，笔砚平添对话功。

虎脸未成甘画狗，虱心微贯不雕龙。

悬知地覆天翻处，有色无声一瞬中。

翟荫塘属题唐药翁百花卷次黄苗公韵

"我们也有两只手"。不会拿锄会斟酒。

饮酣万事不经心，笔砚之馀无一有。

新偿夙癖堪发狂。宝绘奇缘属荫塘。

慎伯论书尊六代，苗公品画迈三唐。

家雀尾，短又长。蟋蟀头，圆又方。

鸟声虫韵和幽香。

幽香趣高胜俗艳。俗艳纷纷人易羡。

能令腐草生莲花。画人持笔成咄嗟。

有意无意落墨雨，亦工亦写流仙霞。

何事人间大欢喜。看画之外孰可比。

远把长歌寄药翁，"眼中人物无馀子"。

兰亭集会后至西湖小住十首

逸少兰亭会，兴怀放笔时。

那知千载下，有讼却无诗。

119

细雨入珍丛。群葩乐晓风。

人行双意满，花发十分红。

百步云栖径，千竿绿影稠。

低回心独羡，肥笋号猫头。

忠骨巍峨冢，奸型缧绁人。

后来芳与臭，一样不关身。

执梃降王长，填金铁券铭。
几杯生日酒，醉眼看祥兴。

鹤放随游屐，梅开伴苦吟。
孤高林处士，毕竟有牵心。

苏白双堤矮，行人日往来。
便倾三峡水，依旧不能开。

昔日氍毹上，清歌听断桥。
我来无白雪，犹自客魂销。

艮岳祥龙石，吴山立马峰。
若论风景好，人巧逊天工。

占断湖山美，林深偃月堂。
行人虚指点，何处贾平章。

在合肥安徽省博物馆鉴定书画留题

皖公山翠接肥淮。璀璨人文振古开。
满路花香随鸟语，我真为看画图来。

标准草书社展览征集拙作草书

半世涂鸦可哂。只画秋蛇春蚓。
居然也号草书，自知不够标准。

和黄苗子兄

苗兄因食油腻过多，脚患痛风之症，住进空军医院治疗，须茹素多日。诗来诉苦，奉答一首。

"口里淡出鸟"，皆因患痛风。
寻常太饕餮，半月不轻松。
摄卫心如死，医疗地对空。
明朝一出院，狂赛马拉松。

北宋陵古迹征题

伊洛高陵汴宋都。也曾一代诩雄图。
几千百年置棋劫，二十一部相斫书。

玉斧声威流水逝，石麟寂寞夕阳疏。
当时执梃降王长，地下重逢感不孤。

梁缨群蛙图

水国群蛙妙舞姿。梁缨墨戏见奇思。
分明画得人间世，鼓吹堂皇震耳时。

朱屺瞻先生画葫芦

造化随人笔仗。到处天机奔放。
谁云依样葫芦，未有葫芦一样。

访新加坡口占二首

忽到仙人岛上游。花红叶绿不知秋。
轻尘雨浥长林道，棋布星罗万尺楼。

凉热随时雨后晴。衣装节候不分明。
相逢未及通名姓，华语华音故土情。

游飞禽公园

奇禽异态色斓斑。人意能通百技翻。

问我兹游何处乐，童心返在鸟公园。

一九八七年中秋，旅次香港，在楼头赏月

如在群山顶上行。高楼灯火一天星。

欣逢国土重圆际，南北蟾辉一样明。

123

题刘君均量藏黄宾翁画册及所临宾翁画册四首
（临本曾经火焚，重装复完）

奉手京华记昔年。漆瞳鹤骨地行仙。

一池宿墨千钧笔，写遍黄山万壑烟。

宾翁墨雨最淋漓。浅绛金笺意更奇。

虚白斋中瞻实诣，未容俗眼看牛皮。

（上题宾翁册）

秘境人夸白岳多。传神梅壑并鹰阿。

楞伽廊下卢行者，衣钵携将岭上过。

妙迹常同劫火邻。点睛龙欲脱风尘。

均翁福聚真如海，宝册无亏胜富春。

（上题均翁册，黄子久富春图卷曾经火焚）

赠新加坡书家陈君声桂二首

翰墨风华溯六朝。群鸿戏海见风标。

横飞野鹜纷挐际，可喜丹林见凤毛。

悬殊精窳判天渊。题字龙门有后先。

毕竟书家知鉴别，不从斧凿学前贤。

潮州海门文信国望帝昺舟处留题

（以下一九八八年作）

独上危崖望帝舟。目中一叶即神州。

身抛棘寺柴车侧，心系山穷水尽头。

花石纲开千里赤，风波狱起六军愁。

何期块肉沉沧海，天水初湔万古羞。

夕陽紅處倚危
樓青兕惕如散散
雖烹氣干雲吞徽
地盡山不許望長安 稱軒
啟功

启功论词绝句二十首之十一

题潮州韩文公祠

宪宗迎舍利，影骨原非真。

退之谏愚夫，贬逐临其身。

鳄鱼有利齿，驱于一祭文，

愚夫望福报，弑于刑馀人。

剑南春酒征题

美酒中山逐旧尘。何如今酿剑南春。

海棠十万红生颊，都是西川醉后人。

127

石鲁遗画花卉长卷，自题其卷首曰"春长在"，友人征题

画里春长在，名花四季红。

畸人醇酒后，渴笔笑谈中。

白眼天池小，虫吟驴屋空。

各留胸膈影，应识古今同。

族人作书画，犹以姓氏相矜，征书同展，拈此辞之，二首

闻道乌衣燕，新雏话旧家。
谁知王逸少，曾不署琅玡。

半臂残袍袖，何堪共作场。
不须呼鲍老，久已自郎当。

《启功絮语》自序

数年前承北京师范大学出版社刊行拙作诗词为《启功韵语》一册，贻笑大方，十分自愧。分呈友好，随时请教。得到的回音，颇为多样。一般都在照例夸奖之中，微露有油腔滑调之憾；也有着实鼓励以为有所创新的；更有方家关心惜其误入歧途的；还有不客气的朋友爽直告诫不须放屁的；俱不啻顶门金针，使我心感不绝！

几年来新稿又积一册，因前刊《韵语》系用排印，误字较多。屡次附加校勘记，所校仍难无漏。这次改用手写影印，误字责由自负，可免诿过于排字的朋友，非敢以不合格的白折子小楷强尘读者之目。

这册稿本最初题为《画饼集》，乃指稿中多是以字画易饼饵的题咏。因有误解为画饼充饥之意的，便改题为《续语》，以为《韵语》之续。但这册中的风格较前册每下愈况，像"赌赢歌"等，实与"数来宝"同调，比起从前用俚语入诗词，其俗更加数倍。如续前题，直是自首其怙恶不悛，何以对那些爽直的朋友呢！因易"续"为"絮"，只见其絮絮叨叨罢了。近代外国文学，有一种类似中土随笔小品之流的，译者以"絮语"称之。功无意掠美，尤非喁喁情话之比。自絮其絮，敢望尊敬的读者谅而教之！意有未尽，再为赞曰：

用韵率通词曲，隶事懒究根源。

但求我口顺适，请谅尊听絮烦！

公元一九九二年中秋，启功年周八十

四十年前侯坤女士偕介弟堉邀游钓鱼台，有诗纪之。

今女士自海澨归来，谦聚于此，席间得句

（一九八八年冬起）

罨画楼台卉木稠。名园秀丽冠神州。

依稀萧寺闻钟客，四十年前此院游。

日本"现代派"书法展览征题

水如衣带。人民友爱。

文字同源，书风各派。

璀璨斑斓，陆离光怪。

顾后瞻前，称曰现代。

达堂属铭西洞圆砚

山骨铮铮。西洞之英。六凿神巧，圆满天成。

墨妙笔精。心画心声。指实腕转，与时偕行。

可以归耕。佳获如陵。达堂所宝，启功作铭。

（"与时偕行"：磨墨多作顺时针方向）

题广州六榕寺藏僧今释自书诗卷，今释自号甊庵

祝发逃禅勇服勤。半生歌哭动乾坤。

我来展卷如参礼，同是圆明镜里人。

题画层崖朱竹

层崖千尺倚青霄。郁郁丹林胄凤毛。

证得海田年亿万，珊瑚斜插五云高。

题罗复堪先生临宋比玉江亭秋晚图卷

秋老江干楚客思。无情草木有声诗。

复翁镂石镕金手，起得畸魂入砚池。

题 虎 子 图

石东村之子幼有勇力，能举巨石，图写其像。引首为济斋翁所题。翁讳德沛，人称济斋夫子。自署西山读书人。后出继袭简亲王爵，谥曰仪。此卷有康雍乾嘉名人题跋。

自惭乡裔仰前尘。稚齿当年举百钧。

一卷四朝椽笔富，西山首拜读书人。

新加坡书学协会二十周年纪念会席上题赠

喜逢今雨一堂来。笔阵纵横并案开。

奥秘已超群艺界，从兹书种八方栽。

题王石谷雪景山水

春山如笑冬如睡，残腊祁寒写已难。

妙手有功回大化，生机无尽蕴层峦。

缥留美玉脂羞比，墨惜精金秀可餐。

历世名图看欲饱，河阳幽谷共奇观。

题董香光画册次原题韵
（存书画各五方）

五岭奇峰几万重。云程俯首瞰芙蓉。

墨缘似与华亭约，一日羊城两度逢。

（北苑笔意）

古木寒林未有云。秋风雁阵寂无闻。

虎儿枉诩惊人倒，静契天和逊此君。

（云林小景）

并立亭亭两棵松。画师信笔出双龙。

碧天云散溪声静，谡谡风来胜暮钟。

（谿山亭子）

展卷真应刮目看。图中佳处数流湍。

白云掩映山深浅，遮断崎岖路几盘。

（仿米敷文）

百丈飞崖一水悬。丹枫绿柳映遥天。

墨呈五色江淹笔，巧拙同工尽可传。

（飞泉峭石）

题王二痴小册

有清画派开四王。模山范水俱辉煌。

书精诗妙饶篇章。艺林沾溉传遗芳。

何况后裔乌衣郎。小册十二珠琅琅。

无忝厥祖清晖堂。

吴美美女士摹簪花仕女卷属题。女士为稚柳再传弟子

仕女严妆丽且都。周家真迹妙无殊。

不堪秃笔当池尾，二尺前留大谢书。

又摹宋画春兰次图中韵

惊人芳讯领春开。笔底奇馨入座来。

过岭首逢佳卉早，傲他先发一枝梅。

又摹秋葵纨扇

秋来金色助秋光。静静幽姿淡淡香。

适自长缣观顾陆，又惊纨扇出徐黄。

吴泰摹张渥九歌图

张渥平生擅白描。吴君妙笔敌秋毫。

如临楚国传芭席，遗魄龙眠并可招。

中华书局《文史》杂志复刊十周年刊出三十册纪念

立言之谓文，征实之谓史。

科学贵数据，逻辑在推理。

至于洋教条，以及华架子。

三十厚册中，曾未一遇此。

煌煌巨刊物，重光历十祀。

编者心所安，未费方寸纸。

自题画蒲桃三首

（以下一九八九年作）

屡见东园客，群芳出彩毫。
无心拾青紫，只画墨蒲桃。

忆得萍翁语，长林直干同。
馀酸须快吐，咳唾任玲珑。
（齐萍翁谓画树枝干须直，不得有一
曲处。其画蒲桃，乃不得不曲矣）

深灯醉眼尽模糊。春草诗心倦更芜。
夜半长吟邻舍骂，敛将酸涩入圆珠。

自题设色云山

粉渍微云翠点峰。山川草木发新荣。
赘毫补得房山阙，一抹遥天晚照红。

画　竹

拔地撑天翠色寒，未能入手作渔竿。
丝纶百尺牵缠处，缛叶繁枝剪削难。

墨　荷

朱驴水国墨生涯。十丈冥搜对晚霞。
兴到效颦开冻砚，灯前炉畔写荷花。

墨 竹 芭 蕉

甘蕉何故见弹文。修竹多应望策勋。
久旱田家薪似桂，长兼彼此共蒿焚。

曲江张九龄纪念馆征题

丹橘江南实满林。诗成《感遇》寄情深。
何须赘语规昏主，蜀道三郎解问心。

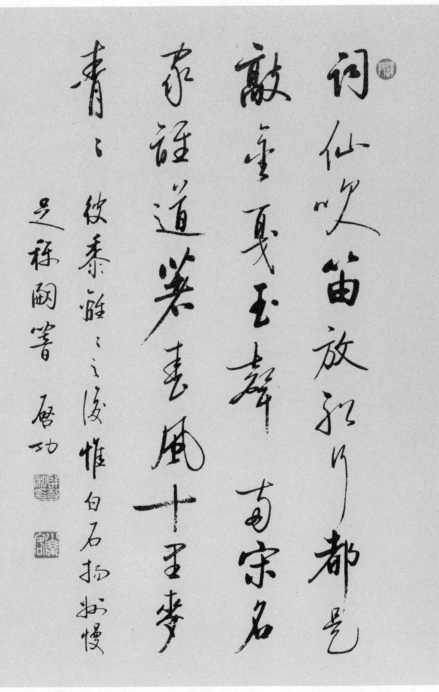

词仙吹笛放狂吟　都是
歊炎夏玉声　南宋名
家谁道斜声烹风十里梦
青々　彼秦雄之後惟白石扬州慢
足称阙笔　启功

启功论词绝句二十首之十二

王石谷狮子林图

云林飞仙姿，石谷铸铁笔。

两贤相契合，形神融胶漆。

昔见狮林本，乃写因公室。

修竹个个匀，叠石层层出。

视此尺幅中，景殊气同逸。

宗师富万壑，岂复用一律。

懒者学倪迂，能疏不能密。

新安与莱阳，枯瘦势壹郁。

妙墨不唐施，一点金千镒。

虚往而实归，披图屈双膝。

141

朱笺上金笔画双松

双松光腾金，一纸色吐火。

举示李泰和，欣然称似我。

香港明报三十周年纪念征题

报以明名。卅载蜚声。

燃犀铸鼎，物莫逃形。

民情世道，国论乡评。

心同金断，志众城成。

环区薄海，风驭云程。

刊延亿万，永保休贞。

惠州纪念东坡逝世八百八十八年征题

东坡自叹命宫坐磨蝎。遂令洛下诸愚皆欲杀。

贬逐黄州儋州与惠州，星殒年周八百八十八。

复经扬法批儒笑柄腾，何损经天无尽日与月。

偶作墨笔山水

略似董香光，又近僧珂雪。

捧心供捧腹，聊以藏吾拙。

冬心画本一卷，首写西湖圣因寺罗汉，以下分写唐宋名家诗文为图，俱有小字长题。友人杨君先世所藏，劫后复得，属为题咏

冬心着笔必入古。冬心作画不屑谱。

诗句惊人僻涩多，谁识捻髭心独苦。

水墨山前般若僧，丹碧笺中菩提树。

唐宋群贤金石篇，东西诸天曼陀雨。

一卷湖山纪胜图，百年妙手留珍羽。

玉轴畸零浩劫馀，难掩长虹光复吐。

我幸图中证圣因，忍草横挥研白乳。

俗笔居然厕后尘，何异佛头扬粪土。

观秦陵兵马俑坑，惜杜牧之不及见也，留题一首

削尽群雄四海臣。沙丘腐鲍伴遗身。
瓦全将士空持戟，后世终归笑后人。

仿郑板桥兰竹自题

当年乳臭志弥骄。眼角何曾挂板桥。
头白心降初解画，兰飘竹撇写离骚。

友人出示文衡山书早朝诸诗一卷，八十三岁之笔，圆健流美，远胜世传所书西苑诸诗，喜为题此

风雅吴门未寂寥。琳琅巨卷仰高标。
羲神献韵衡山笔，一字千金记早朝。

友人以自制花石盆景见示，赋赠

寸木千寻远近香。须弥弹指现严妆。
幼舆何事工裁剪，丘壑平生总未忘。

酒节诗。文化节中复分品类，酒节其一也。征题一首

疾病人所畏。医者使之醉。

减痛复销愁，更可安其睡。

发明自仪狄，其人似外至。

所以论名牌，每推威士忌。

如今佳节多，文化居首位。

文化复多门，酒节仅其次。

千人共歌呼，万人齐奔踶。

借问何为然，一盏乱已始。

三杯再入腹，纷纷卧席地。

醒人矜仪容，醉人忘诈伪。

酒宜称令节，其理非谑戏。

可倩王无功，重撰《醉乡记》。

题旧作山水小卷。昔预校点诸史之役，目倦时拾小纸作画，
为扶风友人持去。选堂为颜云蒸霞蔚四字。今归天水友人，为题四首

小卷零笺任意描。丛丛草树聚山坳。
不知十几年前笔，纸上畸魂似可招。

窗下馀膏夜半明。当年校史伴孤灯。
可怜剩墨闲挥洒，块垒填胸偶一平。

岂有云霞恣卷舒。选堂题品愧多誉。
蒸兴字异缘嫌讳，莫信麻沙宋板书。

（宋本世说蒸字作兴）

惭对良朋一片心。误将瓦砾当兼金。
归帆请效洪乔例，投彼清流一任沉。

友人为余摄影，装于镜框中相赠。乃夹以瓶盎，倚置东壁，前为卧榻，因赋长句

影摄衰颜嵌木框。夹陈瓶盎倚东墙。
水仙新叶参差绿，秋菊残花烂漫黄。
便到八旬才二载，岂无两短与三长。
扫除一室延佳友，不效驴鸣莫坐床。

功参与校点诸史，获识唐长孺教授。夏日敝庐圮损，来诗见慰，并奖誉拙书，次韵奉答

（补录 一九七三年作）

不羡香山履道居。雄都庑畔赁茅庐。
丛残字校墙中本，豁达诗拈颔下须。
步以歧多常竭蹶，心经义胜见敷腴。
衰迟骨肉期功尽，哀疾空传简札书。

傅君大卣精拓砚背达摩面壁图赞。
图刻极精，唐子畏款则蛇足也

（补录　一九八五年作）

此石之可爱，在雕与镌。
此纸之可贵，在蜡与毡。
持较青蚓章侯之真迹，殆亦莫能或之先也。

公元一九九零年元日口占

（以下一九九零年作）

无限崎岖岁月过。偶逢晴暖幸婆娑。
停来跋履登山屐，振起灰心对酒歌。
大地回环新蚁聚，重洋浩渺旧鲸波。
匹夫头白如春雪，尚望年丰万事和。

春　归

神智模糊举措忘。肥甘性命嗜都荒。
春归讵卜寒深浅，腊尽先思漏短长。
病去抽丝形未减，客来谈鬼兴偏张。
水仙不负终宵冷，浓赠迎曦满室香。

题吴镜汀师画小景六幅。师之书室署曰灵怀阁

昔日城隅噪暮鸦。后来污染鸟无家。
灵怀写出盘空景，留待他年映晚霞。

山川浑厚树华滋。遗法耕烟世莫知。
孤塔千寻松一岭，依稀点笔放怀时。

李唐可比李思训，健笔嶒崚今过之。
此是居庸山一角，临安国手不能知。

春入江南草木丛。小溪风暖日冲融。
卧游何处曾相见，柳暗花明忆惠崇。

目中山色扑人来。晚水层波夕照开。
多谢好风帆势饱，前程小泊是蓬莱。

舒卷无心半岭云。巍峨山势倍氤氲。
遥知中有林逋宅，独木为桥小路分。

自题画朱竹

看竹者多画者少。成竹在胸人更杳。

映日研朱勘字馀，小卷冰笺乘兴扫。

时见长梢出短丛，一任丰林吞细筱。

雨叶低垂风不摇，蛇径深藏人莫晓。

竿助渔家钓可持，笋号猫头馋易饱。

横涂竖抹狠狠描，大肉硬饼层层咬。

或问斯图何处好。鬼斧神工逊其巧。

壁上尘成明月砂，砚底光生朝日皎。

君相造命我造竹，青翠新篁变朱草。

只堪废簏伴笔头，莫使此君为绝倒。

狮城友人属题沈尹默先生书欧阳永叔文小卷

八法一瓣香，首向秋明翁。

昔日承面命，每至烛跋空。

忆初叩函丈，健毫出箧中。

指画提按法，谆如课童蒙。

信手拾片纸，追蹑山阴踪。

戏题令元白，纠我所未工。

至今秘衣带，不使萧翼逢。

阅肆访妙墨，迎涛搜真龙。

时时歌得宝，往往饫良朋。

老来病多忘，独记腕底风。

顷观入蜀笔，巨细皆雍容。

仿佛杜陵叟，放怀瀼西东。

题尾并足重，诗见心声宏。

虚之擅双绝，搔痒当机锋。

倚枕纸窸窣，扬头窗瞳眬。

写寄万里外，钳锤希来鸿。

沁园春　戏题时贤画达摩像六段

片苇东航，只履西归，教外之传。要本心直指，不凭文字，一衣一钵，面壁多年。敬问嘉宾，有何贵干，枯坐居然叫作禅。谁知道，竟一花五叶，法统蝉联。　　断肢二祖心虔。又行者逃生命缕悬。忆菩提非树，那桩公案，触而且背，早落言诠。临济开宗，逢人便打，寂静如何变野蛮。空留下，装腔作势，各相俱全。

（秀能二偈，分观各有精义，合读则如市人口角，

一曰即是，一曰即非，浅直触背，不知何故）

149

题吴君子玉临清明上河图二首

桥临汴水势如虹。客醉矾楼烛影红。

妙笔翰林张待诏，貌来繁盛似熙丰。

高馆筠清销夏时。积庆二百盛孙枝。

蝇须蚊脚拈来易，可贵书香透绢丝。

心脏病突发，送入医院抢救，榻上口占长句

（补录　一九八九年冬作）

填写诊单报病危。小车直向病房推。

鼻腔氧气徐徐送，脉管糖浆滴滴垂。

心测功能粘小饼，胃增消化灌稀糜。

遥闻低语还阳了，游戏人间又一回。

（诊有平读，见《急就篇》。此首杂用支灰诸韵，

以其时实不能检韵书矣。方家赐阅，幸揭过之）

赌　赢　歌

（补录　一九八九年冬作）

老妻昔日与我戏言身后况。自称她死一定有人为我找对象。我笑老朽如斯那会有人傻且疯，妻言你如不信可以赌下输赢账。我说将来万一你输赌债怎生还，她说自信必赢且不需偿人世金钱尘土样。何期辩论未了她先行，似乎一手压在永难揭开的宝盒上。从兹疏亲近友纷纷来，介绍天仙地鬼齐家治国举世无双女巧匠。何词可答热情洋溢良媒言，但说感情物质金钱生理一无基础只剩须眉男子相。媒疑何能基础半毫无，答以有基无础栋折梁摧楼阁千层夷为平地空而旷。劝言且理庖厨职同佣保相扶相伴又何妨，再答伴字人旁如果成丝只堪绊脚不堪扶头我公是否能保障。更有好事风闻吾家斗室似添人，排闼直冲但见双床已成单榻无帷幛。天长日久热气渐冷声渐稀，十有馀年耳根清净终无恙。昨朝小疾诊疗忽然见问题，血管堵塞行将影响全心脏。立呼担架速交医院抢救细检查，八人共抬前无响尺上无罩片过路穿街晾盘儿杠。诊疗多方臂上悬瓶鼻中塞管胸前牵线日夜监测心电图，其苦不在侧灌流餐而在仰排便溺遗

臭虽然不盈万年亦足满一炕。忽然眉开眼笑竟使医护人员尽吃惊，以为鬼门关前阎罗特赦将我放。宋人诗云时人不识余心乐，却非傍柳随花偷学少年情跌宕。床边诸人疑团莫释误谓神经错乱问因由，郑重宣称前赌今赢足使老妻亲笔勾销当年自诩铁固山坚的军令状。

无款雪景牧牛图，古媚可爱，因题

禅家机锋每拈水牯牛。画家点染好写林塘幽。

积翠西园赫然见此本，树枝屈铁下映牛毛柔。

名画贵处在佳不在款，图上幸未妄署韩戴流。

世有李迪归牧出宝笈，持较此轴风格殊堪俦。

不问为宋为元递射覆，但觉一树一石俱宜收。

常见画费九牛二虎力，浮烟涨墨块块黑石头。

吾病心胸气闷已经岁，那堪再压木炭千层楼。

居然艺林种子竟不绝，绢上神去谬论今全休。

展玩之际积郁得快吐，山明水秀人欢牛乐彼此同天游。

从兹画在吾诗亦必在，蹄迹题记牛眼我眼一照即足垂千秋。

151

题齐萍翁画册八首

一犁春雨兆丰穰。水国人家插稻忙。

白石山翁乡思永，画中风物出湖湘。

牧童归去纸鸢低。牛背长绳景最奇。

处处农村俱入画，萍翁不断是乡思。

（"牧童归去纸鸢低"，山翁句）

两崖含月欲吞珠。奇想天开入画图。

老杜四更山吐月，古今诗境并无殊。

（"两崖含月欲吞珠"，山翁句）

山翁当日好楼居。未见摩天百丈馀。

汉武求仙成笑柄，何如蕉绿映窗虚。

（"好"，去声）

林梢一抹见青山。此地萍翁昔往还。

画里群材谁得伐，长留浓绿满乡关。

门外斜阳莫管他。酒酣高卧是渔家。

山翁最识其中趣，画笔惊人句可夸。

（"门外斜阳莫管他"，山翁句）

疏影暗香苦异姿
连篇祷揲表词史
邦卿似周邦彦笔
玉田我不云

昔人以绚丽许梅溪我所不解 启功

启功论词绝句二十首之十三

十幅蒲帆万柳条。好风盈路送春潮。
昨宵樽酒今朝水，一样深情系梦遥。

水禽浮泛自成群。鹅鸭遥观不易分。
此是天机难说处，居然纸上画呈君。

自题青年时仿陆天游山水

当年乱道陆天游。回首星霜五十周。
自励不须惭少作，尚争一息向竿头。

中国海外名人录征题

春转神州芳草深。天涯游侣富佳音。
巍峨事业峥嵘誉，不负当年去国心。

龙坡翁书杜陵秋兴八首长卷题后

杜陵乡思系孤舟。秋菊何时插满头。
识得中华天地大，海壖一寸亦神州。

自题画竹四首

风入淇园万竹新。自调青绿写来真。
干霄直节凭君倚，不必天寒翠袖人。

（春竹）

雨挟狂风卷地来。离披丛竹压成堆。
粗枝大叶粘连处，一任摧烧扯不开。

（雨竹）

斗室南窗竹几竿。曈昽晴日不知寒。
风标只合研朱写，禁得旁人冷眼看。

（朱竹）

老屋墙隅竹几丛。擎霜戴雪沐寒风。
无声无臭无华实，冷暖阴晴色一同。

（雪竹）

郎静山先生百龄寿言

寿域天开万里晴。山川间气毓人英。
百龄介祝真初度，此是长生第一程。

壮暮翁画墨竹泉石卷题后

古来画竹人，首推文与可。
其次李息斋，竹神欣得妥。
屡见顾定之，叶秀竿婀娜。
舍人迹微希，太常传较伙。
吾友壮暮翁，新腔唱自我。
映日影在窗，对林笔出裹。
矮纸如长缣，巨毫貌细笴。
风梢摇天寒，石濑润地渴。
颇似郑所南，推篷见瀛左。
此名罗汉竹，已证辟支果。

157

古诗二十首　蓬莱旅舍作

可怜戚元敬，御倭功最奇。
徇军欲斩子，今人似不知。
蓬莱有水寨，仰止留遗思。
谁料属四旧，下令为破之。

八仙传说多，谁曾得一遇。
遂有艺术家，编为电视剧。
演员俱化装，各自持道具。
小船遭大风，神仙入海去。

北魏郑道昭，大书凿石壁。
云峰高崔嵬，署字颇充斥。
如今名胜区，告示禁题刻。
妙计新碑林，飞鸿得留迹。

刘邦有天下，功狗无或生。
身死诸吕殛，后宫亦以清。
陈平擅奇计，事过尤可徵。
代王梦中来，高祖空战征。

尽瘁出祁山，亦寓自全计。
后主抑其丧，足见疑与忌。
狼顾司马懿，魏文屡相庇。
方诩知舜禹，转瞬食其弊。

古人各著书，所以教后代。

后人遂其私，言好行则坏。

掠财及杀人，二者包无外。

亦有蚩蚩氓，动色望之拜。

史载杀人狂。北齐推高洋。

历时未千载，复有朱元璋。

清人代明政，遗臣攀先皇。

康熙下拜后，洪武仍平常。

老子说大患，患在吾有身。

斯言哀且痛，五千奚再论。

佛陀徒止欲，孔孟枉教仁。

荀卿主性恶，坦率岂无因。

老翁系囹圄，爱猫瘦且癞。

七年老翁归，四人势初败。

病猫绕膝号，移时气已塞。

人性批既倒，猫性竟还在。

吾爱诸动物。尤爱大耳兔。

驯弱仁所钟，伶俐智所赋。

猫鼬突然来，性命付之去。

善美两全时，能御能无惧。

吾降壬子年，今第七十九。

年年甘与苦，何必逐一剖。

平生称大幸，衣食不断有。

可耻尚多贪，朝夕两杯酒。

元戎基督徒，问其部下将。

祷告近如何，答言圣灵降。

元戎掴一掌，俨然临济棒。

乃知耶与禅，参透都一样。

宇宙一车轮，社会一戏台。

乘车观戏剧，时乐亦时哀。

车轮无停辙，所载不复回。

场中有醉鬼，笑口时一开。

神灭神不灭，有鬼或无鬼。
滔滔论不已，各自凭其嘴。
我信千年后，此辨终难止。
可怕在活人，万般吊其诡。

世人无贤愚，皆愿得长寿。
幸福盼速来，既来瞬即旧。
纵活过百年，何尝觉其够。
最终呼吸前，往事一尘厚。

人生所需多，饮食居其首。
五鼎与三牲，祀神兼款友。
烹调千万端，饥时方适口。
舌喉寸馀地，一咽复何有。

科学利人多，杀人亦殊工。
炸药作武器，死者如沙虫。
可怜诺贝尔，技穷宁自轰。
奖金奖生杀，获者心蒙蒙。

名酒色同黄，绍兴不如啤。

啤号软面包，可以补吾饥。

绍兴度偏浓，血涨梗心肌。

行当作酒铭，饮酒但饮醨。

吾敬李息翁，独行行最苦。

秃笔作真书，淡静前无古。

并世论英雄，谁堪踵其武。

稍微著形迹，披缁为僧侣。

归乘小飞机，四刻六百里。

不驾兜罗云，安坐沙发椅。

俯首瞰大地，远过蜃楼美。

寄语蓬莱仙，此际我胜你。

潘君虚之自狮城寄示移居之作，次韵奉答。

自念迁出旧居已逾十载，时萦梦寐，并以自嘲

（一九九一年起）

自愧非材接众贤，谊承高厚敢为先。

拈髭夙具平生乐，步屟偏多水石缘。

岂以拔山捐绿鬓，何劳呵壁问苍天。

伯伦一锸经行惯，不待黄垆始醉眠。

前尘回首尽浮云。种竹今生几代孙。
里舍久成因树屋，郊居合号拟山园。
小乘旧泪时通梦，浩劫先茔莫有村。
骨肉全空朋友在，天涯文字偶相存。

平生患难人俱往，自恨顽强尚故吾。
爱犬心驰云里国，看花眼暗雾中姝。
迂拘腾笑名宜宝，断烂深藏字可娱。
衰朽失多微有得，耳聋不辨马牛呼。

飞辙飙轮不自安。且珍馀息足盘桓。
重资庞叟沉何惜，一榻维摩丈已宽。
丰俭随时吾易饱，干戈无定世犹寒。
片云呴沫天南至，远胜金樽对月欢。

163

自题青绿山水旧作

此幅作于一九五三年，吾生第四十二岁。此后匆匆，无复馀暇矣。不知何时流入东瀛，吾友赵君怜余齿暮艺荒，以重值收之，殊可感也。

旧迹重披卅七年。夷然往事付轻烟。
馀光再写平波路，近碧遥青好放船。

自题竹石幽兰

朱作竹，翠作兰。

一拳石，秀可餐。

长寿半窗小景，不知夏燠冬寒。

墨　竹

湖州文，眉山苏。

松雪赵，梅花吴。

源同归，流殊途。

自恨悬槌手笔，不能依样葫芦。

题同乐园中董寿翁画松巨幅四首

层盖盘根倚太空。虬枝铁干势如龙。

八旬董叟摩天笔，写得黄山第一松。

鳞皮磊落禁风雨，坐阅桑田几度新。

今日高堂扪素壁，分明长寿出天真。

崎嶇路後翠鬟龍七
窗樓臺蓬地共沙
裹窮披雲屑小隔江
人去為巘中自功初稿

法寧王公論夢窗最北秋雁
啟功初稿

启功论词绝句二十首之十四

韦偃丹青迹最奇。精灵曾入杜陵诗。
钓鱼台畔长松障，容我淋漓倒墨池。

华构雄都竞入云。名园一角静尘氛。
金元代代无穷事，且听乔松说与君。

题 画 水 仙

静色疏香本绝尘。何能妄比赋中身。
柔情绰态惊鸿影，子建应非解韵人。

167

题 画 白 莲

白露横江晓月孤。篷窗断梦醒来初。
荷香十里清难写，昨夜沉吟记已无。

临国香图因题

所南翁，心独苦。
画幽兰，不画土。
肖即有可思，构宁无自侮。
谁实助了金安出虎银蒙古。

松窗居士画竹卷，笔迹匆遽，若不可待者，旋即逝世，仅一月耳

戛玉琳琅顾定之。琴书堂里见新枝。

失惊笔落如飞处，似恐琼楼赴诏迟。

冰雪聪明禀赋高。星源万里溯来遥。

惜丁四库凋零后，文字如何写大招。

西藏基金会征题

地脊开仙境，山城涌画图。

坚诚邀佛祐，大智结心珠。

讽诵金声振，香灯宝焰浮。

早年承灌顶，垂老愧凡夫。

题 画 竹 石

竹稚而瘦，石欹而丑。

只此两般，馀无所有。

再题一首。石根尚有淡墨兰叶数笔。前诗失及，补此解嘲

几笔幽兰，是曰素友。

其淡如无，不求挂口。

炎黄艺术馆成，梁君黄胄征题

东方青帝后，攀附祀炎黄。
肃慎文明远，中华艺术长。
良朋新事业，老友拙文章。
忝作名山颂，诗卑草更狂。

砚　铭

破砚重粘，依然全瓦。
磨墨而书，吾神来也。

题 瘗 鹤 铭

何子贞题汪退谷本曰："覃溪诗云，曾见黄庭肥拓本，憬然大字勒崖初，此语真知鹤铭，亦真知黄庭者。"按二者所同，在其模糊而已。

江心水拓瘗鹤铭。坊间木刻黄庭经。
翁何递赞缘何故，同样模糊看不清。
华阳真逸迹何如。题自南朝定不诬。
水激砂砻锋颖秃，遂令人说柳枝书。

题桐城汪雨盦教授燕游杂诗后

今雨垂天至，荒阶屐齿青。

史诗尊杜甫，继响出桐城。

东海波千顷，西山雾几层。

重寻钓游迹，弥忆读书灯。

题台静农先生遗笔墨梅小帧

独标孤瘦雪霜姿。照水凌寒玉一枝。

今日皖公山下路，望残仙躅再来迟。

陕西修复黄帝陵征题

（以下一九九二年作）

华夏始祖，黄帝轩辕。

垂亿万祀，异姓同源。

遥传四裔，共作本根。

文明蕃衍，永世无垠。

（古称五方五帝，今统以炎黄。民族易融，人情乐简而已）

题金冬心书真迹。用其集前像赞韵

兀然自诩尧外臣。来往江湖称幸民。

笔肥墨饱家不贫。诗歌僻涩吟其真。

书传天下乘飙轮。化作艺苑无边春。

心畬公画山水小卷题后

此五十年前之笔。公有小印刊杜句"鱼玎宝玦青珊瑚"，盖自嗟身世，亦喻画格焉。

五十年前迹，回头似梦醒。

西山留片石，寒玉失鱼玎。

纸涩心仍畅，峰回笔未停。

袖中东海色，不必怨零丁。

赵悲盦画扇面集册

悲盦早岁丁东南浩劫。平生磊块，每见诸笔墨。其书其印，世所习知。书拟北魏，或病其姿媚，非真鉴也。画笔灵奇，虽写巨障，如挥尺素。此册便面，不减寻丈之观，真奇妙之作也。

浩劫平生恨，悲翁苦自悲。

文章多兀臬，画法最灵奇。

矫矫东方赞，峨峨北魏碑。

刚柔文与行，俗眼莫相疑。

（"行"，去声）

心畬公画小卷，散原老人为袁思亮题引首

小卷山河远，长年事业空。

声华馀宿墨，身世感飘蓬。

杜甫湘中句，韦庄剑外踪。

何人为收拾，遥叹海云封。

齐萍翁画一妇人抱一小儿，儿执柏叶一枝，题首柏寿二字。又题云："小乖乖，拜寿去。"

小乖乖，拜寿去。老乖乖，多妙趣。

此是山翁得意处，我亦相随有奇句。

钟敬文先生惠祝贱辰，次韵奉答

文字平生信夙缘。毫锥旧业每留连。

荣枯弹指何关意，寒燠因时罔溯源。

揽胜尚矜堪撰杖，同心可喜入吟笺。

樽前莫话明朝事，雨顺风调大有年。

（樽前七字韦端己句，雨顺四字大赐福剧开场句也）

画蒲桃二首

玛瑙寺前过，春风满院花。
蒲桃有紫色，不上破袈裟。

闻道温和尚，禅通画谛高。
小园珠满架，灌顶有蒲桃。

竹 涧 图

五月寒生竹涧深。劳人于此暂披襟。
拈毫不费推敲力，自有心声纸上吟。

绿 竹

午日初长乍困人。忽逢小雨助精神。
横挥翠竹留残梦，似遇嘉禾项又新。

蕙 竹

两枝花，几片叶。

纸上无香，不劳蜂蝶。

半生画兰竹，浅尝徒涉猎。

且比药山看经，聊以自遮眉睫。

兰 竹 小 景

有竹无兰。景物单寒。

补花补叶，香气汍澜。

取人于友，草木同观。

合之双美，地阔天宽。

推篷竹图，效郑所南

所南翁墨竹矮卷，只画竹丛之中截，号曰推篷，盖写船窗中所见也。

舟行豁目矮推篷。雨里潇湘万绿浓。

水竹本无今古异，但令人忆所南翁。

茅绿西泠一抹烟情

深不碍语清圆碧

山水难争长玉老田

簏恐未然

气当论玉田似未类云 启功僭评

启功论词绝句二十首之十五

题杨诚斋诗意图

杨诗云："破雨游山也莫嫌。却缘山色雨中添。人家屋里生松树，穿出茅檐却覆檐。"

水墨零丁不自嫌。几多佳兴砚池添。
小窗大富登临胜，冷雨炎歊隔屋檐。

没 骨 山 水

一乘寺门凹凸花。僧繇于此擅名家。
遂教惜墨如金手，解向江山画晚霞。

177

墨 竹

怒气写竹元人语，昔日随声谓可师。
今夕雨窗毫墨润，一竿出手喜难支。

仿董香光山水

大言惊世董华亭。脚汗付与王茂京。
我亦效颦摹数笔，戾家山水有传灯。

蒲　桃

遮阳蛀叶破袈裟。紫晶珠胜藤萝花。
敢向温师呈转语，不尝而画免酸牙。

睡起作画漫题

瓶里孤花户外桐。绿阴扶梦醉颠翁。
日斜睡起浑无事，淡墨横吹纸上风。

近见沈石田与诸友唱和落花诗，文衡山以小楷录为长卷。因拟之，得四首

弥天万紫与千红。一霎风来几树空。
火急催开劳羯鼓，夜阑不寐听僧钟。
轻难入地香添溷，落未盈堆绿已丛。
毕竟萧郎遗业重，缤纷大梦忏无功。

晴空点点入云衢。红雨如山阵可呼。
金谷草生行碍马，玉关人远出无车。
馀香分后歌声换，高烛残时笑靥孤。
不殉恩留铜雀上，阿瞒深意古来殊。

六街尘满竞遨游。飞盖华林属胜流。

蜂蝶远飏青子小，雾凇横结玉枝稠。

上春有幸扶金阙，一夕无端坠画楼。

卉木未闻齐物义，待寻庄叟论从头。

无言谁信下成蹊。飘泊因风路总迷。

宏愿枉祈春暂驻，沉吟每送日斜西。

衰颜憔悴临沟水，硕果辛酸补瓮醯。

此去行藏何处问，树阴随分醉如泥。

179

齐萍翁画自识云："人生一技故不易，知者尤难得也。" 因广其意题此

一生三绝画书诗。万里千年事可知。

何待汗青求史笔，自家腕底有铭辞。

（此稿抄誊，始于夏正开岁。牵以冗事，作辍不常。春秋两季，迭婴肠胃剧病。乘闲拈毫，目腕之力锐减。体质"折旧"，期满匪遥。异日出版之时，或近"安息"之际。手呈俚语，自代赴言。聊供破颜，以作欢喜功德。平生罪过，庶几万赎一二乎？时在公元一九九二年岁次壬申重阳初过，盆菊未残。启功自识）

跋谢君思炜《语自天成任所遭》

——评《启功韵语》与《启功絮语》一文（文长不录
见北京师范大学出版社《启功絮语》第二版卷后）

友人谢君思炜示我此文，读了非常惭愧，这是对我的鼓励，也是鞭策。

那年得病住医院时间很久，在病床上没书可看，没笔可写。默念诗文，便想胡诌几句。没有韵书可查，也就"豁出去了"！眩晕稍微停止，即拿铅笔写出一些等于呓语的"顺口溜"，过而存之，以留一时生活的痕迹。时间久了，口与手都滑了，再写那种"一本正经"的"诗"，几乎不复可能了。不意谢君为我"圆谎"，说出许多大道理，真可感谢！不是谢他捧场，而谢他给了我许多关于诗的理论知识。

为了自己翻阅温习这些理论的方便，借《启功絮语》第二次印刷的机会，把这篇文印在书中。并请尊敬的读者对照看看，哪些是谢君对我的溢美，哪些是我应该再加努力的，从而赐以指教，不胜感荷企盼之至。

一九九四年四月　启功附识

启功赘语

《启功赘语》前言

拙作如俗谚所谓"合辙押韵"之语，曾灾梨枣者，初曰《韵语》，继曰《絮语》。今又涂抹盈册，题名颇费踌躇。转念今年马齿，已周八十又六，介然之身，如疣徒赘。即就所语观之，德功俱无，言从何立，拉杂一册，且待摧烧，取俪前编，颜曰《赘语》。读者垂爱，惠我钳锤，疣赘馀身，头面顶礼矣！

一九九八年秋日　启功自识

窗外有杂花，春来半萎半开

（一九九二年起）

国艳洛阳来。何人去后栽。

六窠依次瘦，五朵不同开。

月季骄人面，黄杨领众材。

寓公晨起早，齐立短墙隈。

（窗前有牡丹六窠，花时仆正卧病，率尔成咏，

今忽省忆，乃山东友人所赠者）

心　痛

（时寓校园宿舍小红楼）

心痛瞬盈周。西施逊一筹。

硝酸虽剧毒，调剂有甘油。

治病徒添病，红楼即玉楼。

卧床吸氧气，一试死前休。

挽香港刘君均量

早钦令闻著南陬。倾盖初逢似旧游。

三益他山铭对案，十年高会忆同舟。

奇珍亘古无双迹，卓识当今第一流。

安养道山应自慰，虹光照处即千秋。

恋榻

春残接夏初。远眺失平芜。

云密漫寒宇，尘浓压敝庐。

客嗔缘恋榻，灯耗为观书。

幸有铅为笔，诗成仰面书。

夜中不寐，倾箧数钱有作

（杂用相类诸韵，不敢解嘲称进退格也）

纸币倾来片片真。未亡人用不须焚。

一家数米担忧惯，此日摊钱却厌频。

酒酽花浓行已老，天高地厚报无门。

吟成七字谁相和，付与寒空雁一群。

卢沟桥八百年纪念征题

卢家沟上一桥横。八百年来孔道通。

史事轻尘文物寿，石狮无数拱燕京。

徐霞客纪念会征题

明代探险家，首推徐宏祖。

名山与大川，跋涉不畏阻。

毫无济胜具，手攀兼足履。

游记千万言，俨然舆地谱。

地形并地貌，一一详罗缕。

不徒夸景观，且亦记风土。

所幸浩劫中，逃却火一炬。

飞机禽鸟俦，索道猿猴侣。

卫星鹰眼疾，游客爬虫苦。

科技新发明，前人梦难语。

纪念探险家，宜知今胜古。

年来气候殊，首夏成酷暑。

室内开空调，助我笔飞舞。

题猴山鹤唳图

猴山夜气九霄清。独鹤飞来啸月明。

今日群松看已尽，倍应珍重画中青。

一九九四年元旦书门大吉

起灭浮沤聚散尘。何须分寸较来真。

莫名其妙从前事，聊胜于无现在身。

多病可知零件坏，得钱难补半生贫。

晨曦告我今天始，又是人间一次春。

题陆俨少诗画卷二首

寒灯如豆夜何其。况值阴霾宿雨时。
大地商声听不得，自嘲一叟署骷髅。

黑云如墨满江湖。江草江花望已无。
馀悸山翁惟寂坐，诗销块垒放怀书。

题俞涤凡画仕女二首

谁家名媛现全身。前后花明镜里春。
满室芸香开宝轴，归来堂上见词人。

玉潭六法在吴兴。七百年来续一灯。
涤尽笔端尘土气，画家心有玉壶冰。

（俞涤凡先生名明，字涤凡，一作涤烦，语霜先生之侄，
吴兴人，画笔严净，七十年前往来京沪间，两地画家，多
承指授，所作每不署款，只钤小印，此图似写李易安像）

题云山图

董香光仿米家墨戏，陈眉公题云：云山鹘突树曹董。虎儿直接襄阳统。画笔寥寥谁赏音，琴上无弦笛无孔。偶效之，并次眉公韵。

画禅共说华亭董。教外别传无法统。

任他精鉴看牛皮，挂壁只图遮眼孔。

频　年

酸甜苦辣本非殊。且喜频年乐不孤。

小子如今才懂得，圣人从古最糊涂。

饮馀有兴徐添酒，读日无多慎买书。

欲把诗怀问李老，一腔豁达近何如。

（宋有诗人李某，作诗浅易，
多豁达语，时号之为豁达李老）

题画白莲

神工碾玉为花冠。又散翠羽成浮钿。

沉泥肥护根如船。露珠不定汞走盘。

纤芦列作箜篌弦。清风持拨断续弹。

水中万象同此天。无边澄碧相新鲜。

贺监落井水底眠。清凉所喻言非玄。

松煤浓处五色全。画不能工化有权。

江湖入手鱼脱渊。高吟早证虾蟆禅。

古诗四十首

（此四十首一九九四至一九九七年作）

（一）

狐飨鹤以盘，鹤宴狐以瓶。

鹤喙细且长，狐舌软而平。

喙舌天所赋，瓶盘人所成。

天人一参差，万物多可争。

（二）

市店卖靴鞋，易破复易绽。

买者愤不平，讥为"过街烂"。

店主貌岸然，反问不自辩：

"何以坐轿人，个个都称赞！"

（三）

萍翁画苍鹰，直立松树上。

少画翔天空，亦见鸷且强。

偶露一翅伸，未卜升或降。

指挥交通车，不如灯光亮。

（"强"，去声）

(四)

春来叶骤绿，秋落聚其足。

有常亦无常，四季何匆促。

造化若无主，何以有弦朔。

造化若有主，何不惮烦数。

(五)

炳翁号半聋，食贫性孤高。

居处无一椽，半席依僧寮。

见书不得买，笔墨甘辛劳。

借录满箱箧，颜曰"我爱抄"。

(六)

长白雪长白，皓洁迎新年。

神板白挂钱，门户白春联。

地移习亦变，喜色朱红鲜。

筋力自此缓，万事俱唐捐。

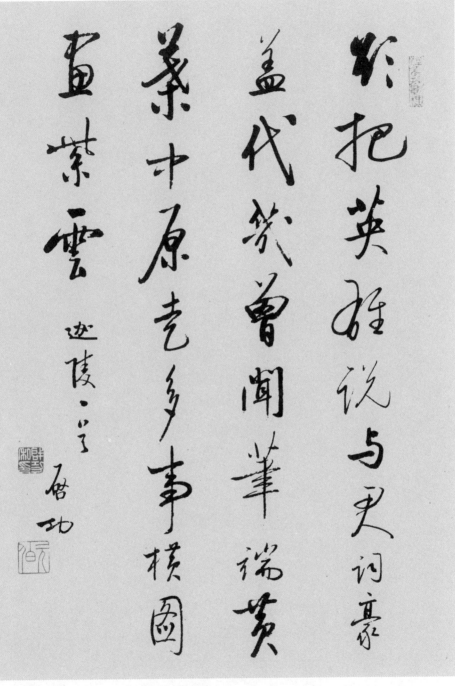

好把英雄说与天词豪
盖代发曾闻笔端
羡中原壳多事横图
画紫云 迤陵一 启功

启功论词绝句二十首之十六

（七）

下有甚焉者，上好为之引。

石缝泉涓涓，山外流滚滚。

上游势襄陵，下游生灵尽。

帝舜配天功，首殛黄能鲧。

（八）

众上泰杭山，或呼为代形。

泰杭纠其谬，代形忿以争。

赌决于塾师，师判呼者赢。

问师何所据，令彼终生瞢。

（太行读如泰杭，或误呼为代形）

（九）

出土玉与金，精工今逊古。

何以古技能，累降竟如许。

朝代翻覆频，大权由霸主。

作俑各自娱，文化成尘土。

（十）

窗前生意满，树密鸟雀多。
檐头有空隙，双双来作窝。
不时出或入，警惕网与罗。
天真小麻雀，一一堪摩挲。

（十一）

先母晚多病，高楼难再登。
先妻值贫困，佳景未一经。
今友邀我游，婉谢力不胜。
风物每入眼，凄恻偷吞声。

（十二）

辛勤读古书，注疏不离手。
谋食上讲堂，解释怯出口。
汉宋各成家，是圣人意否。
博士拒《左传》，因为他没有。

（十三）

经文有今古，理学分朱王。

六籍皆注我，换柱而偷梁。

孤证各骋私，舌剑而唇枪。

圣人在地下，不如告朔羊。

（十四）

昔闻造物者，抟土为世人。

无怪我生平，举措皆成尘。

幼未受唆使，义利粗自分。

何以知耻否，却判蛇与神。

（十五）

学画拙于题，发愤勤学书。

旁读作书诀，用笔当其初。

迨悟结体秘，论与松雪殊。

地下见前贤，定斥"非吾徒"。

（十六）

圣人最糊涂，我曾冒狂瞽。

圣人倘有知，必谅非轻侮。

唇焦说诸侯，笔秃告千古。

比屋竟可诛，垂教徒辛苦。

（十七）

救贫力不能，下策始卖字。

碑刻临习勤，莫会刀锋意。

及见古墨迹，略识书之秘。

笔圆结体严，观者嗤以鼻。

（十八）

见人摇尾来，邻家一小狗。

不忍日日逢，恐成莫逆友。

人意即仁义，未学似固有。

狗命难自知，随时遭毒手。

（十九）

车站询行程，客示即此路。
旁有多闻者，立刻指其误。
又来三四人，轰争各有故。
争者拳交加，观者不知数。

（二十）

昔有见鬼人，自言不畏葸。
向他摆事实，向他讲道理。
你是明日我，我是昨日你。
鬼心大悦服，彼此皆欢喜。

（二十一）

幼见屋上猫，啖草愈其病。
医者悟妙理，梯取根与柄。
持以疗我羸，肠胃呕欲罄。
复诊脉象明，"起居违药性"。

（二十二）

遗传有基因，生活有习惯。

人性遇事机，遂成恶与善。

比干以其心，欲使纣心换。

纣自求其亡，比干何能谏。

（二十三）

母慈望我长，师恩望我成。

不知所以学，早好无实名。

渐老略有得，莫慰当年情。

九天与九泉，何处呼一声。

（二十四）

幼年家蓄猫，颇能通其意。

一榻暖相依，鼾声沉而细。

自身久飘蓬，莫供猫安置。

邻舍偶相逢，忧其失与弃。

（二十五）

含生俱有情，小至虫与蚁。

百年与一朝，最终同一死。

人号万物灵，莫知寿所止。

相待或相求，圣人难处理。

（二十六）

幼年诸儿童，相伴俱好友。

渐如换乳牙，陆续离我口。

或随父兄去，或自东西走。

如今八十馀，老友无一有。

（二十七）

平生学为文，无非表现我。

自作俱足夸，人作少许可。

老来偶再观，惭愧逃无所。

或劝印全集，答曰殊不妥。

（二十八）

历史如长河，人各占一段。

幸者值升平，不幸逢祸乱。

异代论是非，各凭唇两片。

身后蔡中郎，芳臭随其便。

（二十九）

渊明不为诗，写其胸中妙。

此说出东坡，后山转相告。

文亨遇或蹇，何必两相较。

寄语学诗人，莫问天所造。

（三十）

项羽守小信，身死失其霸。

刘邦称斗智，不过谲与诈。

功臣鼎镬酬，太公杯羹价。

胆壮斩白蛇，却见野鸡怕。

（吕后名雉，汉代避其讳，称雉为野鸡）

（三十一）

自幼读诗书，今已八十四。
卑文遥能闻，恶臭自刺鼻。
佳者出常情，句句适人意。
终篇过眼前，不觉纸有字。

（三十二）

辛苦弄笔墨，各自矜其长。
持以易米盐，半饱书画商。
得者如传舍，终归拍卖行。
再经一小劫，纸灰高飞扬。

（三十三）

教书复著书，日日翻簿录。
半字百推敲，一义千反复。
出版以成书，足吾所大欲。
身后属何人，一一果蟫腹。

（三十四）

名花具色香，果实补其味。
造物造万物，原自不能备。
众盼五福全，几人富且贵。
干禄不害民，积善尸其位。

（三十五）

老子论息争。剖斗而折衡。
坐骑用青牛，并未徒步行。
所想与所践，从来不能平。
煌煌神仙传，胜无聊慰情。

（三十六）

赵政以其暴，天下供驱使。
百计求神仙，终难免一死。
二世但称朕，乃秉赵高指。
乳臭有自恃，信为天之子。

纳兰荣词学女儿腔数

典文人高健点伊徽

男珠家咫尺梭龙日

故称诸先书饮水词後

伊徽曼珠新满洲也梭龙庫二 启功

启功论词绝句二十首之十七

（三十七）

儿童有夙缘，小悦外孙女。
提携至长大，事事牵肠肚。
留学美利坚，我年八十五。
考试获全优，令我喜起舞。

（三十八）

夜中不成寐，偷饮一杯酒。
酒尽眼更明，观书字如斗。
默计命终时，灵魂有无有。
有灵去何方，能如我意否。

（三十九）

佛陀论修行，旨在了生死。
世寿有短长，未见终不死。
最难得涅槃，不生亦不死。
凡夫恋其生，所以惜其死。

（四十）

可怜伍子胥，忽近而察远。

吴王拥西施，越王尝苦胆。

胜败由自招，何待忠臣管。

最后吴东门，徒费两只眼。

题《负暄琐话》二首

观剧逢其悲，饮酒逢其辣。

苦果无回甘，负暄有实话。

荡气而回肠，喜读却又怕。

一句最凄然，"过去由它罢！"

譬喻多出奇，不啻宣金口。

每读负暄话，拍案不以手。

人闻叩击声，知我泥其首。

象形一语嘲，兔爷笑颤抖。

（玩具泥兔爷，颈装弹簧，其头颤动，
如点首而笑。中行翁曾以相况）

题中国历史博物馆藏历代法书影印册六首

书艺首殷商，刻辞肇其妙。

吉金周秦汉，粲若群花笑。

有史迄当今，四千年相绍。

文字一一留，民族堪自傲。

奇品馆中藏，不胜偻指数。

契珍"宰丰"精，鼎推"司母"巨。

汉隶《刘熊碑》，唐楷佛像础。

《大观》孤本外，《澄清》实翘楚。

《沮渠安周碑》，西流不复返。

孤拓拓诚孤，环宇无二本。

史料及书风，可喜俱未损。

即此纸一张，何啻珪与琬。

擘窠山谷书，盈尺真奇迹。

持较《七佛偈》，彼只骨与骼。

我观古人字，墨书胜石刻。

所以残写经，珍重如碎璧。

元明书家多，真迹各千万。

名人留妙墨，虹光各璀璨。

有清时略近，遗法仍相贯。

来者犹可追，斯理足悬断。

实语包慎翁，"口数他家宝"。

历史博物馆，其博笔难扫。

吾今述法书，宝多数者少。

众山比岱宗，但自形其小。

乙 亥 新 年

八旬岁月已唐捐，鞭炮无声又一年。

义齿锋颓菘胜肉，散光镜浅字如烟。

行吟逼近数来宝，坐忘难成不倒单。

"老去渐于诗律细"，平平仄仄韵便便。

（市中禁放鞭炮已二年矣）

卡 拉 OK

中行翁见拙词《沁园春·自叙》，笑其调古而辞俗，说："例如孟子之束发加冠，口不离仁义，如果换为西装革履，满口卡拉OK，那还是孟子吗?"赋此奉答，以表服膺。

卡拉 OK 唱新声。革履西装作客卿。

五亩蚕桑堪暖老，四邻鸡犬乐滋生。

齐王好乐谁参与，姜女同来未可能。

莫笑邹人追现代，半洋半土一寒伧。

题黄苗子兄临八大山人墨荷长卷。
时所撰《八大山人传》已脱稿

隃糜潮涌笔千钧。荷叶田田转巨轮。

传就艺林今信史，魂归驴屋旧畸人。

墨卿隶法惭多滞，白傅诗情逊更新。

敢问谁何当一臂，此中八个大山人。

题 画 兰 竹

兰叶葳蕤墨未干。又加修竹两三竿。

雪溪人往音尘绝，欲写清芬下笔难。

画家爱写梅花影，竹叶横斜貌大难。

半夜雨晴闻戛玉，推窗急向月中看。

题古代名媛故事图十三幅

官僚巨富号陶朱。又载西施泛五湖。

千古福人推范蠡，可怜胥种太糊涂。

（西施）

（范蠡逃其位而以自力三致千金，信为古之
福人。西施一舸而逐之，可称独具慧眼）

有勇无谋楚霸王。信难胜诈取其亡。

自歼刘吕看雌雉，不及虞姬碧血香。

（虞姬）

（项羽守小信，岂胜刘邦之诈。自谓天亡，实其天
赋亡之也。诸吕俱殛，后宫亦清，皆由吕雉所致者）

多篇集传注淫奔。可笑迂儒思未纯。

倘见华阳垆畔女，未曾读赋已凌云。

（卓文君）

（朱熹集传多解风诗为淫奔，可谓思有邪）

奋勇和亲立首功。王嫱去住本从容。

汉皇迁怒毛延寿，为惜民娃出后宫。

（王昭君）

（王嫱既归单于，遂成国色，所谓"他人妻妾"耳）

人心快处卓灯燃。演义何妨并史传。

且学董狐评故事，论功第一溯貂蝉。

（貂蝉）

（在故事中，貂蝉应为首功。又今人撰小说，

必换以男女情节，不知罗贯中辈实为作俑者）

毕竟曹瞒举措奇。远从异域赎文姬。

遗诗考证多争论，拍得胡笳惹众疑。

（蔡文姬）

（《胡笳十八拍》《后出师表》俱以不见本传致考据家

之疑。然古名家全集中之诗文，岂得俱见于史传乎）

211

混迹男儿充士兵。木兰必自欠轻盈。

传奇唱出由来古，不待惊筵柳敬亭。

（木兰）

（木兰诗只是北朝唱词一本，无烦考证）

侍疾更衣武媚娘。挟夫啄子作周皇。

千年而下人标榜，颠倒青编臭作香。

（武则天）

（武曌以侍疾而蒸于太子李治，乃持

治之深讳而挟之，遂得披猖一世）

唐番旧事传佳话，万里南天作比邻。

显密交融承至教，有清不用再和亲。

（文成公主）

（有清内庭大丧惟喇嘛得入殿转咒，所尊信者可知）

沉香亭畔舞衣轻。太白吟成万古声。

异日马嵬梨树下，寿王哀乐不分明。

（杨贵妃）

（唐人诗有"三郎沉醉寿王醒"之句。

马嵬之变，寿王而在，不知哀乐何如也）

红满氍毹唱满城。纷纷女将共西征。

当年杨业称无敌，不及涂脂穆桂英。

（穆桂英）

（杨业当时人称"杨无敌"）

易安词笔抗苏辛。二晏清真落后尘。

底事干卿多聚讼，宋贤原不讳重婚。

（李易安）

（北宋人本不讳再嫁，朱熹当南宋时，

以臣节所守，特求之妇人，堪称罪首）

上厅行首作夫人。金鼓挝回半壁春。

一代奇勋冠南宋，不劳臣构嫉功臣。

（梁夫人）

（梁夫人有功而无祸，岂以出身微下，故不劳臣构之嫉耶）

陆颖明先生九十周年诞辰学术纪念会颂言

学溯蕲黄承绝绪，微言故训首名家。

后堂丝竹传经乐，多少英贤出绛纱。

回首交期六十春。人间已换几番新。

《汉书》下酒微伤雅，何似擎杯听《说文》。

（昔年燕聚，每推颖老讲《说文》数字，

四座举杯听之。今惟不佞一人在矣）

周怀民从艺七十周年展览征题

闰馀成岁九旬人。地上仙踪绘苑春。

草木山川灵秀气，同来腕底助精神。

弱冠从师受艺初。耕烟名迹几番摹。

灵怀法乳通今古，壮岁芦塘似六如。

斧劈成皴笔势工。《溪山清远》夏家风。

刚柔妙诣能相济，更拟《桃源》沈士充。

奇花异果入新图。老笔纷披兴不孤。

颗颗蒲桃增寿酿，登筵富丽有明珠。

（怀民早岁受教于吴镜汀先生，先生书室榜曰灵怀阁）

少林寺一千五百年纪念征题

一苇来台城，梁皇意扞格。

北上嵩高山，九年甘面壁。

受衣命悬丝，远走莫迟留。

寂静宗门中，何以生戈矛。

一部《楞伽经》，一卷《金刚分》。

行者不识字，换却祖师训。

德山棒其徒，南泉斩其猫。

既秉具足戒，杀气一何高。

口头公案禅，积来如山耸。

何如马大师，磨砖坐不动。

一千五百年，相去如朝暮。

多习安般禅，少计檀施数。

南 乡 子

拙作论书绝句一百首原稿为友人携去，归于客商，辗转复来燕市，价增竟至一倍。

小笔细涂鸦，百首歪诗哪足夸。老友携归筹旅费，搬家。短册移居海一涯。　转瞬入京华。拍卖行中又见它。旧迹有情如识我，哎呀。纸价腾飞一倍加。

漁歌響答海天風 南谷齊眉唱和

同詞品箋評聽 自贊花枝不作可憐

紅 古書東海漁歌後一篇

西林夫人有題墨筆牡丹十六字之云儀

淺掃花枝待好風 搖基雲種不必可憐紅

啓功并識

题张髯翁画芍药并录姜白石词

心光照处眼俱明。拾得花枝一两茎。
造物无端人有意，写他春晚殿群英。
白石词仙韵最娇。沉吟密咏费霜毫。
何如恰好髯翁画，意态生成百不凋。
误投庸匠再装池。绿减红衰异故枝。
旋买丹青重点染，依稀京兆画眉时。

环溪雅集图

旧迹环溪二百年。当朝曾予作良田。
依稀汴宋西池上，重发耆英洛社篇。
西南一角畅观楼。碧柳朱荷四望收。
禁苑未开人罕到，小园觞咏忆前修。

商务印书馆建馆一百周年贺词

叔世奇勋在启蒙。古今文化得沟通。
十年曾历尘沙劫，终见重光净太空。

奉题沙孟海先生论书文集

艺圃钦南斗，词林仰大宗。

心期同止水，风范比长松。

绛帐英才聚，霜毫笔阵雄。

学书求得髓，熟读自登峰。

中行翁赐示近作《说书集》，中于拙作《韵语》
诸稿多所溢美，敬题长句，以志惭悚

一卷鸿文号《说书》。偏怜鄙拙每增誉。

明知醉梦无真语，特向泥沙捡半珠。

自遣有方唯笑乐，人生难得是糊涂。

劳歌莫作朱弦听，此出游民打野胡。

（"听"，去声）

为庆祝香港回归画水仙一幅，题诗二首

金冠玉貌水中央。翡翠衣裳列几行。

祠庙百年归未得，如今仙子返高堂。

髫年读史最惊人。占我封疆一百春。
意外孱躯八十五，居然重见版图真。

题徐青藤书赤壁赋卷三首

户外青藤减故枝。阶前云影覆方池。
女贞秋叶萧萧落，冷和先生绝调诗。

才命相违为认真。纷纭祟兆不堪论。
鹧鸪声即南词谱，莫问登场潦倒人。

一粟飘摇巨海中。东坡身世古今同。
狂挥醉墨无成法，间气山阴有旧风。

谢菏泽园艺家赠牡丹次朴翁韵

南国水边初一见，燕都今作满园春。
纷纷黄紫看都惯，诗老高吟雪色新。
（谢灵运诗中初见牡丹之名，花以姚黄魏紫名
最著。今见朴翁咏菏泽白牡丹诗，次韵一首）

陈少梅画少室禅修图，俨然马河中笔，因为之赞

当机咫尺。马家父子。

画出达摩，西来之指。

石涛小册四页合成一卷，后有郑板桥题云："不似不似，却是却是，物表人官，墨情红意。"此卷几番易主，重见因题

造化在笔端，彼此各不似。

万物幻无方，似是终不是。

板桥不参禅，却透禅家意。

转舍又相逢，赏会真游戏。

题白雪石画古塞春光图

千年万里筑高墙。未阻兵戈阻夕阳。

何似白翁挥彩笔，一朝春色到华堂。

自题浮光掠影楼

窗前风动绿阴稠。无愧浮光掠影楼。

因病懒开尘土砚，枯肠搔遍雪霜头。

巡檐偶遇伤弓雀，行路多逢砺角牛。
愿借半龛弥勒席，常开笑口不知愁。

文物月刊五百期纪念征题一首

文物月刊五百期。史实世事悉在斯。
张华博物所未知。文字久溯秦周商。
唐虞夏代如洪荒。龙山汶口次第详。
著于竹帛徒传闻。揭马王堆惊奇文。
将无刘歆忙煞人。生今识古真幸福。
可惜小极昏左目。里言瞽颂出心腹。

题王雪涛画稿二首

浮生岁月去无方。纸上唯留翰墨光。
淡泊心胸寥落笔，曾缘咬得菜根香。

（上蔬菜卷）

卷中留得好春迟。造化随心各入时。
五十年前挥翰际，百花将放出墙枝。

（上花卉卷）

题曹梦芹女士画仙花供养图二首

头面顶礼观世音。丹青供养净无尘。

笔端刹那缤纷现，亦是仙花亦美人。

千秋粉本出敦煌。绘苑传承有瓣香。

三绝吴兴标史册，如今彩笔见遗芳。

（右曹梦芹女士写仙花供养图一卷，其粉本传
出敦煌石室，移写倍增精彩，曹不兴著誉江
东，为吴兴三绝之一，芳徽遥接，是可重也）

杭州楼外楼菜馆百五十年征题

酒旗高矗聚雕轮。百岁初增五十春。

不待举杯人共醉，湖山日日是芳辰。

题北京师范大学毕业班纪念册

入学初识门庭。毕业非同学成。

涉世或始今日，立身却在生平。

妄将婉约饰空谈
句句风情字字花可惜
巍巍气骨立巴无饰肉
为只麻

论伪婉约派　启功

启功论词绝句二十首之十九

题丛碧堂张伯驹先生鉴藏捐献法书名画纪念册

书画光腾锦绣窠。词人雅好世无多。

陆机短疏三贤问，杜牧长笺一曲歌。

官本游春传有绪，御题归棹鉴非讹。

暮年牖下平安福，怀宝心同胜卞和。

读八大山人诗

高怀知物性，奇句自天开。

奥妙朱驴笔，淋漓尽可哀。

鸟眼向谁白，心声动地来。

千言无一语，何用苦相猜。

终夜不寐，拉杂得句，即于枕上仰面书之

九秩今开六，吾生亦足奇。

登楼腿双拙，见客眼单迷。

春至疑晨暖，灯高讶日西。

乌乎馀一点，凡鸟阆中栖。

昨日非前日，无从卜未来。

梦中三劫乱，身外百年哀。

入定追泥佛，前程认草鞋。

佳肴唇吻过，鸡鸭已飞回。

朋友诗多健，凄凉忆废兴。

有时抒义愤，怒发指冠缨。

唾斥伤元气，仍传丑秽名。

何如心与笔，倾耳莫从听。

九十尚存四，前尘戏一台。

好名过好利，知往莫知来。

多目金刚怒，双眉弥勒开。

馀生几朝夕，宜乐不宜哀。

旧稿翻来读，中多得失情。

最难删削处，哀痛有馀声。

奖饰闻仍喜，嘲嬉语未停。

从今再吟咏，月白与风清。

壮暮翁哀辞

稚柳先生长余二载，五十年代之初，以鉴《石渠》书画相识于北京。一九九七年病逝于沪上。功适就医住院，未能趋吊。后闻墓园范金铸像，亦未克瞻仰。一九九八年岁暮，小珮女公子将辑纪念文集，因赋俚句，以寄哀思！

论交半世纪，揽古溯西清。

辨伪童心赤，输诚老眼青。

凭棺亏一痛，铸像慰平生。

面目堪相见，泉程剩几程。

高阳台　自忏
（时年八十又六）

罪咎孤身，皮毛朽骨，奇褒爨下之材。谁系残丝，轻弹指涩声哀。便生九十今馀四，对斜阳，能几徘徊。计明朝，举步虞渊，咫尺泉台。

劫波火后重提笔，费多番纸墨，拉杂盈堆。意外流传，徒成枣祸梨灾。尊亲师友俱何在，浊世间，可一归来？剩深宵，自炷心香，泪滴檀灰。

励耘师命题严永思书赤壁二赋卷二首
（补录）

麟笔千春见是非。青编涑水继音徽。

天台注后无烦补，大义长留待表微。

不从门入最称珍。肘腕悬时力百钧。
虎豹虬龙堪借喻，赋情书势两轮困。
（此卷行草，笔势奔放。书至"踞
虎豹，登虬龙"一段，尤臻胜境）

杨柳枝二首

（补录）

绮思馀春水一湾。流将残梦出关山。
王孙早惜鹅黄缕，留与今朝荡子攀。

青骢回首忆长杨。玉塞春迟月有霜。
一样东风吹客梦，独听羌管过临潢。

小铜骆驼镇纸

（补录）

镇纸小铜骆驼。数年朝夕摩挲。
静伏金光满室，助吾含笑高歌。
（小铜骆驼购于日本鸠居堂已数年矣，日伏纸上助我学书，因
颜斗室曰小铜驼馆，驼原作古青铜色，青绿斑斓似出土物，日
夕持以压纸，其锈渐失，遂露黄铜本色，时日愈久，铜肤愈显光
泽，今已可媲真金矣！辛未酷暑，坚净翁，时年周七十又九）

唐人写经残卷赞三首
（补录）

羲文颉画，代有革迁。

真书体势，定于唐贤。

敦煌石室，丸泥剖矣，吉光片羽，遂散落乎大千。

晴窗之下，日临一本，可蝉蜕而登仙。

人弃我取，犹胜据舷。

信千秋之真赏，不在金题玉躞，濡毫跋尾，殆自忘其媸妍也。

虹光字字腾麻纸。六甲西升谁擅美。

李家残本此最似。佛力所被罹火水。

缓步层台见举趾。日百回看益神智。

加持手泽不须洗。墨缘欲傲襄阳米。

（卷中有朱笔句读）

墨沈欲流，纸光可照。

唐人见我，相视而笑。

商务印书馆九十周年

（补录）

文化功开世纪初。伐山嘉惠教科书。

菲材我亦蒙沾溉，敬向丹铅颂九如。

如梦令　中国历史博物馆八十周年纪念

（补录）

历史不能割断。今古年经亿万。文化五千春，处处繁荣灿烂。多看。多看。民族光辉无限。

北黑东青西白。三帝俱成陈迹。代表数炎黄，曾以中原为宅。改革。改革。子子孙孙有责。

《共勉》一首致新同学

（补录）

学高人之师，身正人之范。

顾我百无成，但患人之患。

二十课童蒙，三十逢抗战。

四十得解放，天地重旋转。

院系调整初，登此新坛坫。

也曾编讲章，也曾评试卷。

谁知心目中，懵然无灼见。

职衔逐步加，名器徒叨滥。

粉碎"四人帮"，日月当头换。

政策解倒悬，科学归实践。

长征踏新途，四化争贡献。

自问我何能？涩然增愧汗。

寄语入学人，寸阴应系念。

三育德智体，莫作等闲看。

学位与学分，岂为撑门面。

祖国当中兴，我辈肩有担！

（一九八〇年）

231

题"茶道"

（补录）

七碗神功说玉川。生风不数地行仙。

赵州一语"吃茶去"，截断群流三字禅。

（赵州从谂禅师于学人参谒时俱答"吃茶去"，
人称三字禅。友人举行"茶道"会征题）

联　语（附）

床上架一案，身卧其间，以防地震

（补录）

坐卧总由它，一榻糊涂，半个窝棚防地震；
亲朋应谅我，三分气息，无多精力作空谈。

连云港古之东海郡，境有南山，出产猕猴桃，征题一联

游连云港福如东海；
吃猕猴桃寿比南山。

净 慈 寺 联

净业在加持，无垢湖光，四众心开圆镜智；
慈云垂庇荫，常明山色，三时人仰佛头青。

豪放妆作吲声

忿怒不破复之寿

千古自放生心糟坤下

蘚章　恕未弦

论伍、豪放派　启功坐卅

启功论词绝句二十首之二十

福清弥勒岩重建瑞岩寺征联

为有有情痴，但示不言皆般若；
亦无无明尽，故知一笑即菩提。

苏州寒山寺联

佛祖传心如指月；
诗人得句在闻钟。

日本长崎华侨营江山楼饭馆征联

江海聚英贤，门迓高轩，樽盈美酒；
山川钟秀气，筵开广座，宾上层楼。

敬题吉水文丞相祠联

一死倍饴甘，千古民心同不死；
瓣香逾鼎享，终天人节共馨香。

题济南辛稼轩祠联

归行在，破阵声宏，檀板节成长短句；
望长安，叩阍途远，夕阳红隔万重山。

题济南李易安祠联

济南泉水，洛下园林，间气英华钟韵语；
故国前尘，归来梦影，中兴文献让遗嫠。

偶题一联，时居小乘巷寓舍

草屋八九间，三径陶潜，有酒有鸡真富庶；
梨桃数百树，小园庾信，何功何德滥吹嘘。

集汉书刘向传、宝真斋法书赞、杨凝式帖赞

简易无威，廉靖乐道；
汗漫翰墨，浮沉里间。

地震后题小乘巷敝居，时方患眩晕症

小住廿番春，四壁如人扶又倒；
浮生馀几日，一身随意去还来。

题九江琵琶亭联

红袖夜船孤，虾蟆陵边，往事悲欢商妇泣；
青衫秋浦别，琵琶筵上，一时枨触谪臣心。

237

吴荷屋有此联，作刘中垒、魏信陵，刘九庵先生见赠，未敢悬也。自念老病尪羸，于信陵之乐，只馀其半，因易二字，自书见志焉

文章博综希中垒；
醪醴风流半信陵。

内江张大千先生纪念馆联

山川自逊神工笔；
魂梦长悬故宅心。